留住一切親愛的

JOHN BERGER
約翰·伯格——著
吳莉君——譯

HOLD EVERYTHING Dear

Dispatches on Survival and Resistance

生存・反抗・欲望
與愛的限時信

After 'Guernica' (1937) — Beirut, Cana, Tyr (2006)

留住一切親愛的

——獻給伯格

當過午之磚儲存了薔薇色的行旅暑熱
當薔薇芽冒喘息之綠屋
且綻放如風之花
當細癯樺枝低語其銀色身世
應風之催迫
於卡車上
當樹籬之葉蓄藏了
當下以為遺失的光

當她的腕穴跳動如氣旋裡的
鵂鶹胸膛

當大地合唱團於天空發現其雙眼
且睜開它們在擁擠的黑暗裡相望

留住一切親愛的

群鳥劃掠晨空的行跡
百萬把斧柄，大地溫柔之手
引領著時間
部落的斷齒與其渴慕之地
層層錯疊
殘存的小泥把，水甕的新魂
拎著自身穿越地土走向你我

誓言提攜，一紙約定你我並肩前行
掌心的地圖
握緊成結
但伸放如火炬

留住一切親愛的

鋪設道路他們朝你我走來而你我遠遠敞迎

一枝草的正義無法撼動殿閣卻能庇護追尋之歌

為海浪命名之船帆，此生的壺甕，當它填滿歲月
當它沉沒為所愛

記憶長大成形而樹木永遠知曉如種子

字詞
麵包
孩童伸手門後尋求真理
渴望一起重新開始
動物悲泣在世界的國會裡
屋內之人街頭之人
留住一切親愛的

伊凡斯（Gareth Evans）
二〇〇五年五月十九日

目次

留住一切親愛的

HOLD EVERYTHING Dear

Dispatches on Survival and Resistance

一 死者經濟學十二論

能原封不動地跨越永恆與時間疆界的事例非常稀少。

一九九四

After 'Guernica' (1937) — Beirut, Cana, Tyr (2006)

一・死者環繞生者。生者是死者的核心。核心內裡，是空間與時間的維度。核心外圍，是超越時間的永恆。

二・在核心與其圍繞物之間，存在著交換，這交換往往不明不白。一切宗教所關心的主旨，就是如何把這交換弄明白。宗教的可信度在於，能否把某些不尋常的交換解釋清楚。而試圖有系統地生產這類交換，其結果就是宗教的神祕化。

三・清晰明白的交換相當罕見，原因是，能原封不動地跨越永恆與時間疆界的事例非常稀少。

四・將死者視為如同生前一般的個體，很容易模糊掉死者的本質。試著用我們認為死者可能採取的方式來想像生者：以集體的方式想像他們。這個集體不只會跨越空間孳長，也會跟隨時間繁增。它將包含所有活過的人。也就是說，我們也將被想像成死者。生者將死者簡化為曾經活過的人；然而，死者早已把生者涵括在自身的大集體之中。

五・死者居住在不斷重新開始建構的超越時間的永恆片刻。每一瞬，每一秒，這種建構都是全宇宙的。

六・根據死者的生命記憶，死者知道，建構的時刻，同時也是崩解的時刻。只要活過，死者就不可能是無生命的。

七・如果死者是活在超越時間的永恆片刻，它們如何會有記憶？它們記得的，只有自身被丟進時間這件事，如同每件存在過的事物，或現正存在的事物。

八・死者和未出生者的差別，就在於死者擁有這樣的記憶。隨著死者的人數增加，這樣的記憶也不斷擴大。

九・可以把死者存在於超越時間的永恆之中的記憶，視為一種想像的形式，關於可能性的想像。這種想像很接近神（在神之中）；但我不知為何如此。

十・在生者的世界裡，有一種相同又相反的現象。生者有時會經驗到超越時間的永恆，當永恆顯露在睡眠、狂喜、極度危險、性高潮，或自身瀕死的經驗之中。在這些瞬間，生者的想像會涵蓋所有的經驗領域，甚至漫溢出個人的生死邊界。在這些時刻，生者的想像會碰觸到死者默默等待的想像。

十一・死者與尚未發生之人事物，或說與未來之間的關係如何？所有的未來，都是建構在死者專心致志的「想像」之中。

十二・生者如何與死者相處？在這個社會被資本主義去除人性之前，所有生者都等待經歷死者的經驗。那是他們的終極未來。生者單靠其自身，並不足以圓滿。所以，生者與死者是相互倚賴的。一直如此。直到獨一無二的現代版自我主義出現，才打破了這種相互依賴的關係。這為生者帶來災難性的結果，如今，生者只把死者當作**被淘汰的人**。

二

渴求當下

運動許諾的，是未來的勝利；而這些偶然時刻所許諾的，卻是這個當下與瞬間。

二〇〇六年四月

After 'Guernica' (1937) — Beirut, Cana, Tyr (2006)

這世界變了。資訊正以不同的方式傳播。錯誤的資訊正在不斷研發其技術。遷徙，在全世界都成了最主要的生存方式。那些遭受過有史以來最可怕種族滅絕的民族國家，就軍事方面而言，已經變成了法西斯。民族國家的政治地位普遍下降，淪為替世界經濟新秩序服務的家僕。這三百年來所累積的政治詞彙，那些充滿遠見卓識的話語，都被丟進了垃圾桶。簡言之，今日的經濟和軍事暴君已經坐穩了寶座，統領了全球。

與此同時，人民也正在發展各種新方法，想要抵抗這位暴君。今日的反叛者必須自力更生，但無須遵命服從。在日漸茁壯的反對派內部，自發性的合作取代了中央集權式的指揮。針對特殊議題的緊急同盟，凌駕了長期規畫的綱領。市民社會正在學習如何操作政治抵抗的游擊戰術，並開始學以致用。

今日，人民對於正義的欲望繁然無盡。也就是說，對於反叛不公不義的抗爭，以及追求生存、自尊和人權的抗爭，我們不該只考量它們的直接訴求、它們的組織，或它們的歷史結果。不該把它們簡化成「運動」。運動是用來形容一群人集體朝向某個明確的目標前進，其結果不是成功，就是失敗。然而，這樣的形容卻忽略了無數的個人選擇、遭遇、啟迪、犧牲、新的欲望、悲痛，和最終的，記憶。這些都是由運動所引發的個人情感，但嚴格說來，這些也都只是運動的偶然產物。

運動許諾的，是未來的勝利；而這些偶然時刻所許諾的，卻是這個當下與瞬間。這類時刻包括了，歡欣無比或悲劇至極地在行動中所經驗到的自由。（不行動根本不可能有自由。）這類時刻是先驗的，是史賓諾莎所謂的永恆，沒有任何歷史「結果」可以比擬，它們有如不斷擴張的宇宙中的點點繁星。

並非所有的欲望都指向自由，但自由是欲望被承認、被選擇、被追求的經驗。欲望所關切的，從來不只是擁有某事某物，還包括改變某事某物。欲望是一種渴求。對當下的渴求。自由未必能實現這種渴求，但它承認這樣的渴求是至高無上的。

今日，這樣的無限與窮人同在。

三

七重絕望

這就是絕望的七重層次，一週七天，重重疊加。

二〇〇一年十一月

我想要，像個單純的說故事者那樣，為當前的論辯加上幾句短評。有個獨一無二的強權正在暗中侵蝕軍事戰略的智慧。所謂的戰略思考，就是站在敵人的立場上想像自己。這樣，才有可能制敵機先、聲東擊西、攻其不備、包圍側翼，等等。對敵人做出錯誤詮釋，長期而言，終將導致失敗——我方的失敗。這就是帝國之所以滅亡的原因。

今日的關鍵問題之一是：什麼力量造就了世界恐怖分子，或說得更極端點，什麼力量造就了自殺烈士？（在此，我指的是那些匿名志願者，至於恐怖主義領導人，則是另一個故事。）是什麼原因，讓恐怖分子的首要定義變成了一種絕望的形式？或者，說得更準確點，讓恐怖分子變成了一種超越的方式，藉由獻出他們的生命，讓絕望的形式變得有意義。

正因如此，「自殺」一詞顯得不那麼恰當，因為這樣的超越，給了烈士們一種勝利的感覺。戰勝他理當憎恨的那些人？我想不是。烈士們戰勝的是，從深沉的絕望裡散發出來的那種順從、痛苦和荒謬之感。

生活在第一世界的人，很難想像這種絕望。並不是因為他們比較富有（富有也會產生富有版的絕望），而是因為不斷有事情讓他們分心，所以他們的注意力是散射的。而我說的那種絕望，只停駐在那些由於環境的逼迫而不得不專心致志的人身上。例如，數十年來一直生活在難民營裡的人。

這種絕望的構成要素？那是一種感覺，感覺你的生命以及你親近之人的生命，全都一文不值。而且，這種感覺是一重又一重的，在各個不同的層次都能感受得到，於是，它就成了全部。也就是說，套用集權主義的用語，它是無可上訴的。

每個清晨尋找
尋找殘羹剩餚
藉此活過另一朝。

醒覺的知識
在這塊法律的荒野
無權生存。

長年積累的經驗
未曾見世況好轉
只有惡化。

羞愧於幾乎無力
改變任何事物，
而幾乎抓住的
終究是另一條死路。

聆聽千萬承諾
從你和親人身旁
冷酷無情地走過。

抵抗者示範了
被炸為粉塵。

你自身被殺的重量
近似於
永恆的天真
因為它們多不勝數。

這就是絕望的七重層次，一週七天，重重疊加。這七重絕望，給了某些勇敢之人一種啟示，啟示他們獻出生命，投入對抗，對抗那些把世界推弄到這般田地的強權，這是唯一的方法，可喚醒一種**全體**之感，比那絕望更大的全體。

凡是無法想像這類絕望的政治領袖，他們所制定的任何策略都將失敗，而且，他們將招致源源不絕的敵人前仆後繼而來。

四

永不言敗的絕望

我們生下來過這樣的日子，是為了分享時時刻刻連綿不絕的時間：我們以永不言敗的絕望再一次冒險面對之前那個「生成」（Becoming）的時間。

二〇〇五年十二月

After 'Guernica' (1937) — Beirut, Cana, Tyr (2006)

我怎麼還活著？我會告訴你，我還活著，是因為這會兒，死亡暫時缺貨。這句話是一邊笑一邊說出來的，在這世界的遙遠彼端，一個渴望常態，渴望平凡生活的彼端。

在巴勒斯坦，不論你走到哪裡，即便是偏僻荒野，都會發現自己置身瓦礫堆中，你得小心謹慎地挑出一條路來穿過它們、繞過它們、越過它們。在某個檢查哨附近，有幾座溫室，如今，沒有任何卡車可以沿著任何街道抵達那裡，去和任何人碰面。

那些瓦礫堆，是房舍和道路的殘骸，是日常生活的碎片。在過去五十年裡，幾乎沒有一個巴勒斯坦家庭，不曾被迫逃離某地，同樣的，也幾乎沒有一座巴勒斯坦城鎮，其建築能逃離被占領軍定期剷平的命運。

除了房舍道路的瓦礫堆，還有語言的瓦礫堆——在語言的瓦礫堆裡，房舍什麼也不是，它的意義已經被摧毀殆盡。惡名昭彰的以色列國防軍（IDF），事實上已經變成了一支占領軍。如同亞尼（Sergio Yahni）這位勇敢可敬的「以色列拒戰者」（Israeli Refusniks，他們拒絕為以色列軍隊服役）所寫的：「這支軍隊的存在不是為了保衛以色列公民的安全，而是為了繼續竊取巴勒斯坦的土地。」[1]

那些瓦礫堆，也是嚴肅警語的瓦礫堆，沒人在乎的嚴肅警語。聯合國決議案和海牙國際法庭都曾提出譴責，認定巴勒斯坦領地（Palestinian territory）上的以色列屯墾區建築，以及興建「隔離圍牆」（separation fence，高達八公尺的水泥牆）的舉動都是違法的。然而「占領」和「圍牆」依然持續。月復一月，以色列國防軍不斷違反規定，越過占領區緊勒住巴勒斯坦的頸項，月復一月，愈勒愈緊。這樣違反規定勒掐對手頸項的行為鋪天蓋地，包括地理的、經濟的、民政的和軍事的。

所有這一切全都清清楚楚；這不是發生在地球上某個被戰爭封鎖的遙遠角落；每一個富有國家的外交部都正注視著它們，但沒有一個國家採取行動去阻止這種不法行為。「對我們而言，」一名巴勒斯坦母親，後面跟了一個拖著催淚瓦斯槍的以色列國防軍，這位母親在某處檢查哨上說：「對我們而言，西方世界的

---

1 亞尼是以色列猶太人，「另類資訊中心」（Alternative Information Center）負責人之一，二○○二年三月，因為抗議以色列占領軍對巴勒斯坦進行「骯髒戰爭」而拒絕入伍服役，並因此被判處二十八天軍法監禁。他於該年三月十九日致函以色列國防部長，表達他之所以拒絕入伍的原因，文中引文便是出自該信。

沉默，」——她朝那些裝甲車點了點頭——「比它們的子彈更壞。」

口頭上的公理原則與實際面的權力政治之間，歷來總是隔著一道鴻溝，或許永遠都會如此。往往，口頭上的宣稱都是誇大的。然而，在這裡，情況正好相反。這些宣言遠比實際的事件微不足道。發生在這裡的事件，是徹底地想要毀滅一支民族，毀滅一個被承認的國家。面對這樣的毀滅行為，有的只是一些微不足道的話語，以及逃避的沉默。

對巴勒斯坦人而言，有一個字詞還沒瓦解，那就是Nakbah，意思是「大災難」，指的是一九四八年有七十萬巴勒斯坦人被迫移往他鄉。「我們的國家是一堆話語。說了又說。說了又說。且讓我將道路倚建在堅石之上，」詩人達維希（Mahmoud Darwish）[2]如此寫道。Nakbah已經變成四代人流傳共享的一個名字，而它之所以能持續這麼久，是因為它所指稱的那起「族裔清洗」行動，至今，仍不被大多數的以色列和西方人承認。在這樣的背景下，一些誠實正直（卻也飽受迫害）的以色列新興歷史學家（例如巴培〔Ilan Pappé〕）[3]的勇敢作品，是最為重要的，因為在他們的拋磚之下，這場災難或許最終能得到官方的承認，把這個不幸的名字還原成一個字詞，無論它是多麼悲劇性的一個字詞。

這裡的人，熟悉每一種瓦礫堆，包括字詞的瓦礫堆。

我們很容易忘記，這場悲劇的地理規模；而它的規模，已成為這場悲劇的一部分。整個西岸連同加薩走廊，比克里特島的面積還小（巴勒斯坦人正是來自這座島嶼，約莫在史前時期）。但這裡的人口有三百五十萬，是克里特島的六倍。而且以色列人，正在有系統地逐日縮減這塊地區的面積。城鎮過度擁擠的情況愈

2 達維希（一九四一—二〇〇八）：巴勒斯坦最著名的民族詩人，一生積極參與巴勒斯坦解放運動，和文化理論學者薩依德一樣，是在國際上為巴勒斯坦發言的最有力聲音之一。一生出版各種語言的詩集超過三十冊，是巴勒斯坦人民極重要的精神支柱，巴勒斯坦國歌的歌詞即由他撰寫：「失去了最後的邊界，我們還能走到哪裡？失去了最後的天空，鳥兒還能飛向何方？……」二〇〇八年去世時，巴勒斯坦自治政府給予他最高級的「國葬」，並降半旗三天讓全民哀悼。

3 巴培（一九五四—）：以色列修正派歷史學家，反對以猶太復國主義的觀點描述以色列歷史。二〇〇六年出版《巴勒斯坦種族滅絕》（*The Ethnic Cleaning of Palestine*）一書，指稱一九四八年以來，以色列對巴勒斯坦所進行的種種作為，正是名副其實的種族滅絕計畫，並以納粹大屠殺的歷史記憶之名，呼籲人們採取行動制止以色列的惡行。這樣的批評言論讓他於二〇〇七年失去海法大學的教職，舉家遷往英國。

來愈嚴重，而鄉間，則築起了愈來愈長的牆籬，愈來愈難進入。

屯墾區擴張或新建。專為屯墾者興建的高速公路，禁止巴勒斯坦人通行，把舊日的道路變成了死巷。檢查哨和曲折迂迴的證件管控，嚴重縮減了巴勒斯坦人的旅行機會，甚至連在殘餘的巴勒斯坦領地內部旅行，都不太可能。有許多人，根本走不到方圓二十公里以外的世界。

圍牆把一個個角落圈起、切斷（完成之後，這些圍牆將偷走巴勒斯坦殘餘土地的十分之一），把鄉間化為一塊塊碎裂的區域，把巴勒斯坦人相互隔離。這麼做的目的，相當於要把克里特島分成十幾座小島。他們用推土機，毫不留情地完成這項目標。

「荒野只保存自身，再無餘物留予我輩。」（達維希）

這裡的絕望沒有恐懼、沒有屈從、沒有被擊敗的感覺，這裡的絕望打造了一種面向世界的揮棒姿勢，我不曾見過這樣的絕望。它可能透過一名年輕男子加入伊斯蘭聖戰組織（Islamic Jihad）[4]來展現，可能透過一名老媼從殘齒間發出的記憶與呢喃來展現，也可能透過一名十一歲女孩的微笑來展現，她用絕望包裹許諾，隱藏著。

這樣的揮棒姿勢，如你所稱呼的，是怎麼來的？

聽著……

難民營的一處巷角裡，有三個男孩蹲在地上玩彈珠。這個難民營有許多人的故鄉是海法（Haifa）。男孩們熟練地用拇指輕彈彈珠，就一根拇指，身體的其他部位完全不動，這樣的靈巧敏捷，是因為他們從小就習慣生活在異常狹仄的緊迫空間。

沿著小巷走下去，這巷子比任何旅館的走廊都來得窄，在大約三公尺的地方，有一家小店，賣一些二手腳踏車的零件。所有的手把全都排掛在第一個吊架上，第二個吊架上是後輪，第三個吊架是車座。如果不是這樣整整齊齊的擺好，每一件看起來都像是沒法賣錢的垃圾。但它們被排好了，它們是要賣的。

小店對面，是一棟裝了鐵門的矮房子，牆上寫著：「這座難民營的子宮，每

---

4 這裡指的是巴勒斯坦伊斯蘭聖戰組織（PIJ），該組織於一九七九年成立於埃及，屬於遜尼派游擊團體，以消滅以色列，在巴勒斯坦建立伊斯蘭國家為目標。基地設於大馬士革，以約旦河西岸的希伯倫（Hebron）和葉寧（Jenin）為根據地，經常以自殺炸彈攻擊做為對抗手段。

天孕生出一場革命。」一名教師和他的妹妹住在鐵門後面的兩個房間裡。他指著那層樓的另一個房間，約莫兩個浴缸大小，天花板和牆壁都已倒塌。那是我出生的房間，他說。

回到他現在住的房間。他指著一張鍍金相框裡的照片，照片掛在牆上，旁邊是阿拉法特裹著三角頭巾（keffiyeh）的玉照。相框裡的照片是我父親年輕的時候，在海法拍的！有個同事跟我說，他看起來很像巴斯特納克（Boris Pasternak），那個俄國詩人，你覺得呢？（很像。）他有心臟病，Nakbah要了他的命。他就死在這個房間，那年我十二歲。

在腳踏車零件店對面那棟鐵門矮房子的另一端，距離在巷尾玩彈珠的男孩約莫八步的位置，有塊一公尺見方的空地，長了一叢茉莉。那天只開了兩朵白花，因為那是十一月。茉莉叢的根部附近，有十幾個礦泉水的塑膠空罐，都是從巷裡丟過來的。這個難民營裡的居民，至少有六成失業。難民營就是貧民窟。

當某人有機會可以離開難民營，越過瓦礫堆，前往稍微好一點的住所時，他們常常會放棄那個機會，選擇留下來。在這個難民營裡，他們是全體的一員，就像一根手指，隸屬於一具無盡的身體。搬離這裡，他們就成了被截斷的殘肢。那種永不言敗的絕望姿勢，就是這樣來的。

聽著……

位於台地最頂端的橄欖樹，看起來枝蓬葉亂的；這會兒，比起平常更容易看到它們閃著銀光的葉背。因為昨天，它們的橄欖剛給採了下來。去年的收成很差，橄欖樹們累了。今年比較好。從它們樹幹的粗細看來，這些橄欖樹起碼有三、四百歲了。而那些石灰岩的乾燥台地，可能還更老。

在往西和往南幾公里外的地方，各有一座新建的屯墾區。方整、結實、都會化（屯墾者每日通勤，在以色列工作），無法穿透。它們看起來不像村莊，而比較像是一輛巨大的吉普車，大到有足夠的基地可以容納兩百名屯墾者舒舒服服地拿著槍住在裡面。這兩個屯墾區都是非法的，都蓋在小丘之上，都有一座宛如清真寺呼拜塔的纖細尖塔。這兩座尖塔向周遭鄉間所傳送的真實訊息是：把手放在頭上，照我說的去做，然後慢慢後退。

往西邊興建屯墾區以及通往那裡的道路，得砍掉數百棵橄欖樹。而在那裡工作的，大多是失業的巴勒斯坦人。那種永不言敗的絕望姿態，就是這樣來的。

前一天摘下橄欖的那些家庭，來自一個落後小村，就在那兩處屯墾區中間的山谷裡，小村的居民大約三千人。其中有二十個人，被關在以色列的監獄裡。兩天前，一位村民剛被釋放。村裡有好幾名年輕人最近剛加入哈瑪斯（Hamas）[5]。還有更多人準備在明年一月投票支持哈瑪斯。村裡的每個孩子都有玩具手槍。年輕的祖母們一邊想著她們曾經包裹的許諾如今到底變成了什麼，一邊點點頭，讚許她們的兒子、女婿、姪甥加入哈瑪斯，然後，擔心憂慮每一晚。那種永不言敗的絕望姿態，就是這樣來的。

位於巴勒斯坦首都拉姆安拉（Ramallah）的阿拉法特總部穆卡塔（Muqata），三年前，當以色列國防軍用坦克和大砲把阿拉法特當成人質鎖禁在這裡的時候，它是座巨大的瓦礫山。如今，在他死後一年，巴勒斯坦人已經把瓦礫清除乾淨——有人表示，應該讓它維持原狀，當作歷史紀念碑。總部的方形內庭，宛如訓練場般空空蕩蕩。總部一樓的西側，有一方毫無裝飾的基座，那是阿拉法特的墓，基座上方架了屋頂，就像小火車站月台上的那種屋頂。

不管是誰，都有辦法找到一條路，穿越彈痕累累、架滿鐵絲籠網的圍牆，來到這裡。兩名哨兵守護著基座。這個（被許諾的）國家再沒有哪位領袖能擁有比這裡更沉默無言的最後安息地——它就只是立在那兒，用它的存在對抗所有的絕望。

如果，你正巧在日落時分站在他腳下，它所輻射出來的，是靜默的光輝。他的外號是「走動的災難」。有哪個深受愛戴的領袖是純潔無瑕的嗎？他們不總是一身罪惡，明目張膽、惡名昭彰的罪惡？這不就是成為深受愛戴的領袖的條件之一嗎？在他的領導之下，巴勒斯坦解放組織不時也製造了一些語詞的瓦礫堆。然而在阿拉法特的罪惡裡，填塞著他的國家每日每夜所遭受的冤屈，就像鈔票塞進口袋那樣。他就這樣承擔了這些冤屈，帶著這些冤屈，讓他們的痛苦在他的罪惡裡找到一個家，一個痛苦的家。他之所以贏得不朽的愛戴，不是因為他的純潔，也不是因為他的力量，而是由於某種瑕疵——就像我們所有人都有缺點一樣。那

5 哈瑪斯為伊斯蘭反抗運動（Harakat al-Muqawamah al-Islamiyya）的簡稱，一九七八年成立，最初以從事社會福利工作為主，積極照護加薩走廊的巴勒斯坦難民，並因此贏得巴勒斯坦人的認同。一九八七年在巴勒斯坦起義的風潮下轉變成反抗組織，並於一九八八年宣布反對以色列以任何方式存在，主張拯救巴勒斯坦的唯一方式，唯有聖戰。該派經常採取自殺汽車和自殺炸彈客的攻擊方式，對象甚至包括溫和派的巴勒斯坦同胞。

種永不言敗的絕望姿態，就是這樣來的。

蓋勒吉利耶（Qalqilya）這座西北城鎮（人口五萬），被十七公里長的圍牆全面封鎖，只留下一個出入口。一度熙來攘往的主街，如今終結為城牆荒地。而該城原本就不怎麼富有的經濟，更是淪落成廢墟。冬天來臨之前，一名花果園丁用獨輪小車推著沉重沙土，給植物們添加土壤。圍牆還沒興建時，他一共僱用了十二名員工（在巴勒斯坦，九成五的店家其雇員人數低於五人）。如今，他手下沒半個工人。他的植栽生意因為城鎮遭到分割，而整整下降了九成。面對花團錦簇的剪秋羅，他再也不用收集種子，反而該把種子全扔掉。他那雙大手沉重地垂著，因為他知道從此之後，這裡再沒雙手用武之地。

很難描述那道圍牆的景象，凡它跨越之地，全都杳無人跡。它是瓦礫堆的反義。它是官僚政治——在電子地圖上精心規畫、預先構思、先發制人。它的目的是阻止巴勒斯坦國建立。這是它絕不寬貸的目標。打從它在三年前開始興建以來，自殺攻擊的次數從未大量減少。站在它面前，你感覺自己像香菸屁股一樣短（除了齋戒月期間，大多數巴勒斯坦人都是菸不離手）。然而，奇怪的是，它看起來不像最後的結局，它只是沒辦法克服而已。

一旦完成，它將是一道六百四十公里長的面無表情的臉孔，一道不平等的圍牆。此刻，它的長度是兩百一十公里。不平等的兩造，一邊是槍械充足的一方，用最新的軍事科技捍衛他們自以為是的利益（阿帕契直升機、梅卡瓦戰車、F16戰機，等等）；另一邊是一無所有的一方，除了他們的姓名以及他們對「正義不言自明」的信仰。那種永不言敗的絕望姿態，就是這樣來的。

在我書寫這篇文章的每一個晚上，加薩走廊的居民都飽受著「音爆」（sonic boom）轟炸。噴射機駕駛把飛機開得非常低，想要打敗音障（sound barrier），以及下方那些抱著他們的公理信條蜷縮無眠的勇敢人民[6]。那道牆也屬於同一種短視近利的壓迫邏輯。但它不會有用的。

如此這般的火力優勢，只會扼殺戰略智慧，因為所謂的戰略思考，就是得站在敵人的立場上想像自己，然而習以為常的優越感，正是這種思考的大敵。

6 音爆：飛機飛行速度超過音速時，由衝擊波所造成而發出的爆炸聲音。音障：飛機接近音速時，突然發生空氣阻力的增加，稱之為音障。

爬上一座山頭，俯瞰那道圍牆，你會看到下方的道路迂迴曲折地繞過那道幾何分隔牆朝南方的地平線蜿蜒而去。你看到戴勝鳥嗎[7]？當我們把目光拉長拉遠，那道圍牆不過是轉瞬之間的臨時代用品罷了。

以色列的監獄裡關了八千名政治犯，其中有三百五十人的年齡不到十八歲。蹲苦牢已成為巴勒斯坦男人一生中必須經歷一或數次的正常階段。只要丟幾個石塊，就可以判你兩年半以上的徒刑。

監獄對我們而言是一種教育，一所奇怪的大學。說話者戴眼鏡，五十歲上下，一身參加商業午餐的衣著。他是五名兄弟裡的老么，做進口咖啡機生意。你可以在那裡學會如何學習。你學會和大家一起戰鬥，變成生死與共的朋友。這四十年來，情況已經改善了一些——這得感謝我們，以及我們的絕食抗議。我絕食最久的一次，長達二十天。因為這樣，我們爭取到每天十五分鐘的放封時間。在關長期犯的監獄裡，獄方習慣把窗戶封死遮住，從牢房裡見不到一絲陽光。因為這樣，我們贏回了某些陽光。我們還爭取到，把每日搜身的規定廢除掉。除了絕食抗議之外，其他時候，我們讀書，我們討論書的內容，我們教彼此不同的語言。然後，我們認識了一些軍人和某些獄卒。在街上，我們之間用的是子彈和石頭的語言。但是在裡面，情況就不同了。他們也在坐牢，就和我們一樣。差別是，我們有信仰，我們知道自己為什麼被關在這裡，而他們大多不知道，他們在這裡只是為了賺錢過日子。我知道，有些犯人和獄卒之間的友誼，就是這樣開始的。

那種永不言敗的絕望姿態，就是這樣來的。

7 猶太民間有個和戴勝鳥有關的傳說故事。據說智慧無邊、能和鳥獸說話的所羅門王，有天應愛妃要求，決定送她一座用鳥嘴做的宮殿當生日禮物，並隨即以超凡的智慧叫所有小鳥集中到他的宮殿。小鳥不敢違抗命令，全都到了，只有平常都很聽話的戴勝鳥例外。等到戴勝鳥終於來到時，面對所羅門王的指責，戴勝鳥提出三個謎語請國王猜：謎語一：「世上有誰是不生也不死的，沒有經歷過生死？」所羅門王就笑一笑：「這很簡單，至高的上帝從來沒有經歷過生和死。」戴勝鳥再問：「那世上有什麼水是沒有經過天上也沒有經過地上就掉出來的？」國王回答說：「這很簡單，這是淚水。」戴勝鳥繼續問：「世上有什麼東西是柔軟到能夠餵食幼鳥，不傷到牠們，又堅硬到能啄破樹幹把蟲抓出來？」所羅門王說：「當然是鳥嘴。」至此，所羅門王突然領悟，知道戴勝鳥要跟他表達的是仁慈的重要，為了愛妃的宮殿而犧牲這些鳥的嘴，是很殘忍的。

介於耶路撒冷和耶利哥（Jericho）之間的猶大荒漠是片礫漠而非沙漠，漠上崎嶇陡峭而非平坦無際。春天時，野草覆蓋了部分荒礫，貝都人在上面牧放山羊。春天過後，其餘季節放眼望去，只有枸杞樹叢點綴其間。

如果你仔細注視這片礫漠，你很快就會發現，這塊地景上的目光完全指向天際。它是一道地質學問題，而非一部聖經史。它就垂在天際之下，像張吊床。起風時，如同飄動翻捲的床單。於是，天空看起來似乎比陸地更真實、更急迫。一根豪豬的刺被風吹落到你腳旁。無怪乎有數以百計的先知，包括最偉大的先知，都在這裡育養他們的靈視。

天色漸暗，兩百頭山羊隨著一名騎在騾上的貝都人和他的狗兒，之字蜿蜒地走下營地，那兒有水等著牠們，還有額外的穀飼。每年的這個時節，薊草和地下根莖是牠們小小的營養補充品。

預言家和他們的終極預言的困境是，他們往往不在乎緊接而來的行動，不在乎結果。行動對他們而言不再是手段，而成了象徵。於是乎，預言讓人們別過頭去，看不到時間之中包含了什麼。

山下的貝都家庭住在兩棟廢棄建築裡，距離羅馬水道橋不遠。每天的這個時候，母親會開始在滾燙的石頭上烤麵餅，這是他們的日常糧食。她的七個孩子都在這裡出生，放牧羊群。這個家庭最近接到以色列國防軍的通知，要他們在明年春天之前離開。把手放在頭上，往後退！所有的母山羊都懷孕了。懷孕期五個月。到時候我們就拚了，她的一個兒子這麼說。那種永不言敗的絕望姿態，就是這樣來的。

於是乎，預言讓人拒絕去看迫在眉睫的後果。例如，那道圍牆以及併吞更多巴勒斯坦人的土地，並不能確保以色列的國家與安全；這樣做只會讓烈士前仆後繼。

例如，如果自殺特攻隊烈士能在他或她就義之前親眼看到他們粉身碎骨的那一刻，或許他們會重新考慮這樣堅決犧牲是否值得。

預言家口中那該死的未來，什麼也不在乎，只在乎那最後一刻！

在我不斷訴說的那種絕望姿態裡，有一種特別的質地，是今日的後現代或政治語彙無法形容的。那是一種分享的方式，藉由分享消解掉這個首要的大哉問：我們為什麼要生下來過這樣的日子？

消解這個問題和回答這個問題的方式，不是許諾，不是慰藉，也不是復仇的誓言，這類修辭是提供給那些創造「大歷史」的大小領袖們——而這樣的方式根本是對歷史的藐視。它的答案很簡單，簡單卻永恆。我們生下來過這樣的日子，是為了分享時時刻刻連綿不絕的時間：我們以永不言敗的絕望再一次冒險面對之前那個「生成」（Becoming）的時間。

五

我將輕柔訴說我的愛

掛在嘴上的希望，無論是活力充沛的也好，破爛不堪的也罷，都沒什麼差別，都能伴著你熬過無數夜晚，想像新的一天。

二〇〇二年一月

After 'Guernica' (1937) — Beirut, Cana, Tyr (2006)

週五。

納欣，我正在哀悼，我想與你分享這份哀悼，一如你和我們分享了如此眾多多的希望，與如此眾多多的悲傷。

電報來自深夜
只三字：
「他死了。」[1]

我正在哀悼我的朋友璜・孟尼諾斯（Juan Muñoz）[2]，一位精采的藝術家，他做雕刻和裝置，昨天，他在西班牙的一處海灘去世，得年四十八歲。

有件事我很迷惑，我想問你。自然死亡不同於犧牲，不同於被殺害或餓死，自然死亡首先帶來的是震驚（除非死者已經臥病多時），然後是巨大無邊的失落感，尤其死者還那麼年輕……

白晝破曉而來

但我房內
籠罩長夜。[3]

接著，是苦痛，訴說著自身永無止境的苦痛。然而，偷偷伴隨著苦痛而來的，還有另一種接近玩笑的東西，但不是玩笑。（璜生前是個很會開玩笑的人。）一種讓人產生幻覺的東西，有點像是魔術師耍了戲法之後捏著手帕的姿勢，一種輕盈，和你的感受截然相反的東西。你知道我在說什麼嗎？這樣的輕盈是一種輕薄，或一項新的指引？

在我向你提出這問題的五分鐘後，我收到兒子伊夫（Yves）的傳真，他剛為璜寫下這幾行詩句：

---

1 Nazim Hikmet, *The Moscow Symphony*. Trans. Taner Baybars. Rapp and Whiting Ltd, 1970.

2 璜・孟尼諾斯即伯格《我們在此相遇》（*Here is Where We Meet*，中文繁體字譯本由麥田出版）第七章中所提及的「璜」。

3 Nazim Hikmet, *The Moscow Symphony*.

你的出現永遠
　　伴隨笑聲
和新把戲

你的消失永遠
　　留下雙手
在我們牌桌
你的消失
　　留下你的牌
在我們手中

你將再次出現
　　伴隨新的笑聲
而那將是個把戲

週六。

我不確定，我是否看過納欣・希克美（Nazim Hikmet）[4]。我想發誓我看過，但我找不到相關證據。我相信那是在一九五四年的倫敦。那是他出獄的第四年，九年後，他與世長辭。他在紅獅廣場（Red Lion Square）的一次政治聚會上發表演說。他說了一些話，然後唸了幾首詩。有些是英文，有些是土耳其文。他的聲音雄渾、冷靜，非常個人，極度音樂。但那聲音不像發自他的喉嚨——或說，不像當下從他的喉嚨裡發出。那聲音聽起來，彷彿在他胸膛裡有部收音機，他用輕微顫抖的大手開啟、關閉。我實在描述得很糟，他的風采和他的摯誠，是

4 希克美（一九〇一—一九六三）：土耳其詩人、劇作家，有「浪漫派共產黨人」之稱，為其政治信仰多次遭到監禁與放逐。出生於鄂圖曼土耳其帝國的末日黃昏，學生時代經歷了第一次世界大戰德國的占領統治。一九二一年前往安那托利亞高原參加土耳其獨立戰爭，隨後因傾心共產主義而前往新成立不久的喬治亞蘇維埃共和國研究經濟與政治，深受列寧思想以及梅耶荷德（Vsevolod Meyerhold）藝術實驗的影響。返國後，成為土耳其前衛藝術的領袖人物，創作出許多充滿新意的詩歌、戲劇和電影腳本。一九三〇年代末因共產黨身分遭到囚禁，一九四九年，一個由畢卡索和沙特等人組成的委員會四處奔走，要求釋放希克美。一九五〇年希克美在獄中進行十八天的絕食抗議，終於獲得釋放，輾轉流亡蘇聯。一九五一年獲諾貝爾和平獎。一九六三年死於蘇聯。

那樣明顯耀眼。在他的一首長詩中，他描述了一九四〇年代早期，在土耳其，有六個人從收音機裡聆聽蕭士塔高維奇（Shostakovich）的交響樂。其中有三個人和他一樣，正在坐牢。那是現場廣播；那首交響樂正在同一時刻的莫斯科演奏著，幾千公里以外的地方。在紅獅廣場上聽他朗讀詩作，我有種感覺，彷彿從他嘴裡說出的那些字詞，也是從遙遠世界的另一頭傳來的。並非它們難以理解（不難理解），也不是模糊不清或乏味無聊（非常耐聽），而是由於，訴說它們，是為了戰勝距離，是為了超越無盡的分隔。在他的所有詩作中，**此地**（here）永遠是他方。

布拉格的一輛運貨車——
　　一輛單馬車
　穿過古老的猶太墓園。
運貨車上滿載了對另一城市的思念，
　　而我是那駕駛。[5]

即便他還沒起身演講，只是靜靜坐在演講台上，你都可以看出他是個非常高大魁梧的男子。「藍眼之樹」（the tree with blue eyes）這個外號，並非憑空而來。等他真的站起身子，你感覺他除了高大之外，還非常輕盈，輕盈到彷彿風一吹，他就會隨之飄遠。

也許我真的從未見過他，因為那似乎不太可能，在一場由國際和平運動所主辦的倫敦集會上，希克美不可能讓他們用好幾根大索綁在演講台上，好把他留在地面，不飄到空中。然而，我的記憶如此鮮明。那是一場戶外集會，在他唸出那些字詞之後，字詞冉冉升上天際，而他的身體也跟隨著他所寫下的字詞往上飄飛，在紅獅廣場上愈飄愈高，愈飄愈高，飄升到昔日沿著希奧巴德路（Theobald's Road）行駛的電車的閃亮火花之上，那班電車在三、四年前停駛了。

你是安納托利亞的
一座山村，

---

5 Nazim Hikmet, *Prague Dawn*. Trans. Randy Blasing and Muten Konuk. Persea Books, 1994.

你是我的城市，
最美麗也最不幸。
你是一聲求助的哭喊——我說，你是我的故鄉：
朝你奔去的腳步聲是我的。[6]

週一上午。

在我漫長的一生中，對我而言最重要的那些當代詩人，我幾乎都是透過翻譯閱讀他們，很少以他們的原始語言進入。我想在二十世紀之前，大概沒有任何人會這樣說。關於詩歌能否翻譯這件事，已經辯論了好幾個世紀——但那都是些室內議論，就像室內樂一樣。大多數的室內樂在二十世紀都已淪為瓦礫。通訊新科技、全球政治、帝國主義和世界市場等力量，以毫無章法且史無前例的方式，將數以百萬計的人們丟到一塊，又把數以百萬計的人們分離開來。它所產生的結果之一，就是人們對詩的期望改變了；有愈來愈多最好的詩歌，是寫給那些遙遠地方的讀者。

我們的詩
如里程碑
定須排列成路。[7]

在二十世紀這一百年裡，人們用一行行赤裸裸的詩句串接不同的大陸，連綴被遺棄的小村與遙遠的首都。你們都知道，你們每一個：希克美、布萊希特（Berthold Brecht）、巴列霍（César Vallejo）、尤若夫（Attila Jozsef）、阿多尼斯（Adonis）、胡安赫爾曼（Juan Gelman）[8]……

---

6 Hikmet, *You.* Trans. Blasing and Konuk. Ibid.

7 Trans. John Berger.

8 布萊希特（一八九八—一九五六）：德國極具影響力的現代劇場改革者、劇作家及詩人。巴列霍（一八九二—一九三八），二十世紀最知名的拉丁美洲詩人之一，詩作記錄了一顆受苦的靈魂漂泊、掙扎、自我挖掘的過程。尤若夫（一九〇五—一九三七）：匈牙利詩人，第一位將工人生活當作題材的現代詩人，詩中充滿強烈的反抗精神，是二十世紀最傑出的社會主義詩人之一。阿多尼斯（一九三〇—）：敘利亞詩人泰斗，阿拉伯現代詩的先驅，以深沉的筆觸描繪阿拉伯當前的亂局。胡安赫爾曼（一九三〇—二〇一四）：阿根廷名詩人，以筆為槍的人權鬥士。

週一午後。

第一次讀到希克美的詩，是我十八、九歲的年紀。詩作刊登在一份晦澀難懂的倫敦國際文學評論上，由英國共產黨贊助出版。我是那份刊物的定期讀者。該黨揭示的詩歌方針全是狗屁，但刊登在上面的詩作和故事，經常會讓人心頭一振。

那時，梅耶荷德（Vsevolod Meyerhold）[9]已經在莫斯科遭到處決。如果我會特別想起梅耶荷德，完全是因為希克美非常崇拜他，希克美在一九二〇年代早期第一次造訪莫斯科期間，深深受到他的影響……

「我在梅耶荷德的劇場裡學到很多東西。一九二五年我返回土耳其，在伊斯坦堡的一處工業區成立了第一家工人劇場。我在劇場裡擔任導演和編劇，我認為梅耶荷德為我們開啟了新的可能性，讓我們為觀眾工作，也和觀眾一起工作。」

一九三七年後，這些新的可能性讓梅耶荷德付出了生命，但在倫敦閱讀該份評論的讀者，還不知道這件事。

當我第一次讀到希克美的詩作時，最教我震驚的，是這些詩的空間；它們比我當時讀過的任何詩作，都包含了更多空間。他的詩作並不描述空間；它們穿度空間，它們翻越山嶺。它們也關於行動。它們講述懷疑、孤獨、喪親、悲傷，但這些情感是伴隨著行動而來，並非做為行動的替代品。空間和行動攜手前進。它們的反命題是監獄，而正是在土耳其的監獄裡，身為政治犯的希克美，寫下了他大半輩子的作品。

週三。

納欣，我想把我正在寫字的這張桌子，形容給你聽。那是一張白色金屬製的庭園小桌，就像我們今天在博斯普魯斯的木造別墅（yali）一樓會看到的那種。我這張小桌，是擺在巴黎東南郊一棟小房子的外廊上，廊上覆有屋頂。這房子建於一九三八年，那段時間，這地方蓋了許多房子給藝術家、工匠和技術高超的工人。一九三八年時，你正在監獄裡。你的床頭上方，用釘子掛了一只手表。你上

9 梅耶荷德（一八七四—一九四〇）：俄國重要的戲劇導演及理論家，認為戲劇的本質是演員的表演，身體是最具表現力的舞台元素。一九一七年後，將自身戲劇主張與革命結合，為革命服務。然而到了一九三〇年代，卻因戲劇手法被批評為太過形式主義而遭罷黜，並於一九四〇年被處死。

面的牢房，關了三名盜匪，正等待處決。

這張小桌上總是擺了太多紙本。每天早上我做的頭一件事，就是一邊啜飲咖啡，一邊試圖把它們弄整齊。在我右手邊，有一盆植物，我知道你會喜歡。它的葉片顏色很深。葉背是蜜李紫色，葉面則被光線**染成**了深褐色。葉片三三成組，宛如一群夜蝶，它們的確像蝴蝶一般大小，正在吸食同一朵花。它本身的花朵非常小巧，是粉紅色的，有如小學生學唱歌的聲音那般無邪。它是某種巨大的三葉草。我桌上的這盆，來自波蘭，在那兒，它的名字是Koniczyna。那是我朋友的母親給我的，養在她靠近烏克蘭邊界的花園裡。她有雙明亮的藍眼睛，每當她穿過花園或在房子周遭移動時，總忍不住要摸摸她的植物，就像老祖母們，總忍不住要摸摸小孫兒的小腦袋。

我的愛，我的玫瑰
我已展開跨越波蘭平原的旅程：
我是個小男孩快樂而驚奇
是個小男孩

注視著他的第一本圖畫書
有人
動物
物體、植物。[10]

說故事的時候，每件事都取決於接下來所發生的事。真正的順序，通常是不明顯的。嘗試，錯誤。這過程往往要來上好幾回。這就是為什麼桌上會有一把剪刀和一捲透明膠帶的原因。這捲膠帶沒裝進那些讓它比較容易被切斷的小玩意兒裡。所以我必須用剪刀剪它。但最難的，是要找出透明膠帶的頭，然後撕開它。我心煩氣躁地用手指搜尋著。一旦真給找到，我就會把它黏在桌緣，讓整捲膠帶撕垂到地板，就這樣掛在那兒。

有時，我會離開外廊，走進旁邊的房間，我在那兒聊天或吃東西或讀報紙。幾天前，我在房裡坐著，有個移動的東西攫住了我的目光。一道細小的閃亮水瀑

10 Hikmet, *Letter from Poland*. Trans. John Berger.

朝外廊地板落下，在小桌前方、我的空椅腳附近，激起了漣漪。阿爾卑斯山裡的溪水，最初也只是這樣的細小涓流。

而一捲被窗外氣流攪動的透明膠帶，有時也足以移動山巒。

週四傍晚。

十年前，我站在伊斯坦堡的一棟建築前方，在海達帕夏車站（Haydar-Pasha Station）附近，那裡是警方審問嫌疑犯的所在。政治犯被拘留在頂樓，接受交叉訊問，常常一關就是好幾個禮拜。希克美是在一九三八年，在這裡接受交叉訊問。

那棟建築最初並不是監獄，而是一座巨大的行政堡壘。它看起來牢不可破，是用磚塊和沉默砌造而成。監獄蓋成這副模樣，有一種邪惡的不祥之感，但往往，也有一種緊張、權宜的氣息。比方說，希克美待過十年的布爾沙監獄，就被暱稱為「石飛機」，因為它的格局很不規則。相較之下，我在伊斯坦堡車站附近所注視的那棟穩重堡壘，卻具有沉默紀念碑一般的自信與平靜。

這棟建築以慎重的語調宣告：無論裡面有什麼人，也無論裡面發生了什麼事，都將被遺忘，都將從紀錄中刪除，都將埋入歐亞兩洲之間的一道裂隙。

然後，我懂了，我看出希克美詩作中那種獨一無二又必然如此的策略：它必須不斷超越它自身的監禁！世界各地的犯人，總是做著大逃亡的美夢，但希克美的詩不然。他的詩，早在開始之前，就把監獄當成世界地圖上的一個小點。

最美麗的海洋
　尚未渡越。
最美麗的孩童
　尚未長成。
我們最美麗的日子
　尚未得見。
而我想對妳訴說的最美麗話語
　尚未出口。

他們囚禁了我們，

他們鎖住了我們：
我在牆內，
妳在牆外。
但這不算什麼。
最糟的
是人們——知曉或無察——
在內心囚禁了自己……
多數人如此被迫，
誠實、辛勞、良善的人們
值得如我愛妳這般被愛。[11]

他的詩，如同幾何圓規般，畫著圓，時而親密貼近，時而廣及全球，唯一不變的是，圓規的尖端總是插定在囚室裡。

週五早晨。

有一次，我在馬德里的一家飯店等待璜．孟尼諾斯，一如我所預期，他遲到了，因為，當他於夜晚像個技工般躺在汽車下方努力工作時，總會忘了時間。等他終於出現，我取笑他老躺在汽車下面。稍後，他寄了一紙玩笑傳真給我，我想把它抄給你，納欣。我不知道為什麼。或許我也不必弄清楚為什麼，或許那不關我的事。我只是在兩個死者之間扮演郵差的角色。

「我想自我介紹一下——我是個西班牙修車工（只修汽車，不修摩托車），大部分的時間都躺在引擎下面看著它！不過，這才是重點，我偶爾也做做藝術。我不是個藝術家。不是。不過，我想放棄這種愚蠢的工作，不想在油膩膩的引擎底下爬來爬去，我想變成藝術界的凱斯．理察（Keith Richard）[12]。不知道這種人是不是可以像牧師那樣，只要工作半小時，而且還有酒可以喝。

「我寫信給你，是因為有兩個朋友（一個在波多〔Porto〕，一個在鹿特丹）

---

11 Hikmet, *9-10pm*. Poems. Trans. Blasing and Konuk.

12 凱斯．理察：搖滾天團「滾石合唱團」的知名主唱。

想邀請你和我去男孩汽車博物館（Boyman's Car Museum）[13]的地下室，和波多舊城裡的另一個地窖（但願有很多烈酒）。

「他們還提到一些風景什麼的，我聽不懂。風景！我想大概就是開著車四處看看之類的，或是四處看看、四處開開……

「抱歉，先生，又一個顧客走進來了。哇！是輛凱旋噴火車耶！」

我聽到璜的笑聲，在他的工作室裡迴盪，那裡只有他一人，和他那些沉默雕像。

週五傍晚。

有時，對我而言，二十世紀最偉大的許多詩作，包括男詩人與女詩人所寫下的，似乎是有史以來最友愛的作品。如果真是如此，這也和政治口號毫無關聯。這適用於里爾克（Rilke），他是非政治的；也適用於波赫士（Borges），他是個反動派；還有希克美這位終身共產黨員。我們的世紀，是個史無前例的大屠殺時代，然而它所想像的（有時也為之奮鬥的）未來，卻是以友愛為號召。在此之前，幾乎沒人提出過這樣的號召。

這些人，迪諾
握著碎布火把的人
他們要去哪裡
在這陰鬱的黑暗中，迪諾？
你，還有我
我們加入他們，迪諾。
迪諾，我們也
瞥見了藍天。[14]

週六。

或許，納欣，這次我也沒看到你。不過，我願發誓，我真的看到了。你就坐

---

13 可能是鹿特丹Museum Boijmans Van Beuningen的諧擬。

14 Hikmet, *On a painting by Abidine, entitled the Long March*. Trans. John Berger.

在外廊小桌的另一邊，看著我。你曾注意到嗎？頭顱的外形常常透露出大腦習慣的思考模式。

有些頭顱無情地暗示出計算的速度。有些顯示它決意追求舊思想。最近，有很多頭顱洩漏了它們無法理解這一連串的失落。你的頭顱，它的大小和你那雙神經質的藍眼睛，告訴我，在它裡面，同時並存著許多世界，一個世界包含著另一個世界，每個世界都有不同的天空；它不嚇人，它很平靜，但總是塞得太滿。

我想問你，你怎麼看我們今天生存的這個時代。你相信正在歷史上發生的那些事情，或你認為應該發生的那些事情，最後，大多都成了泡影。你所想像的那種社會主義，如今已無處立足。企業資本主義所向披靡——但挑戰者愈來愈多——世貿雙子星大樓則灰飛煙滅。這個過度擁擠的世界一天窮過一天。今日的藍天在哪裡呢？你和迪諾曾經看到的藍天。

是的，那些希望，你回答說，在破布裡，然而，這真的改變了什麼嗎？正義依然是一個祈禱詞，就像瑞基・馬利（Ziggy Marley）[15]在你這個時代所唱的那樣。所有的歷史，都是在講述希望如何持續，如何失落，如何重燃。而伴隨著新希望而來的，是新的理論。但是，對於這個過度擁擠的世界，對於那些除了偶爾的勇氣和愛之外，幾乎一無所有的人們來說，希望是以不同的方式運作。對他們而言，希望是某種咬在牙齒上、放在嘴巴裡的東西。別忘了這點。做個看清現實的人。嘴裡掛著希望可以帶來力量，讓你在疲累不堪的時候繼續走下去；可以帶來力量，當你必須選擇不在錯誤的時刻大叫；最重要的是，可以帶來力量，讓你不致嚎啕大哭。嘴裡掛著希望的人，是受人尊敬的兄弟姊妹。那些在現實世界裡不帶一絲希望的人，注定要孤獨一生。他們所能貢獻的，充其量，也只是憐憫罷了。而那些掛在嘴上的希望，無論是活力充沛的也好，破爛不堪的也罷，都沒什麼差別，都能伴著你熬過無數夜晚，想像新的一天。你要來些咖啡嗎？

我去煮一些。

我離開外廊。當我從廚房帶著兩杯土耳其咖啡回來時，你已經走了。小桌上，就在黏著透明膠帶的位置旁邊，有一本翻開的書，翻開的那一頁，是你在一九六二年所寫的一首詩：

---

15 瑞基・馬利（一九六八—）：出生於牙買加的美國知名雷鬼歌手。

如果我是懸鈴木，我將棲息在它的葉蔭之下
如果我是書
我想在無眠之夜津津閱讀
我不願成為鉛筆，即便夾在我的指間
如果我是門
我將為良善開啟為邪惡緊閉
如果我是窗一扇敞開無簾的窗
我願把城市帶進屋裡
如果我是文字
我要召喚美麗公義真理
如果我是話語
我將輕柔訴說我的愛。[16]

16 Hikmet, *Under the Rain*. Trans. Özen Özuner and John Berger.

六
我們身在何方？

我在黑暗之夜寫下此文。在戰爭中，黑暗不與任何人為伍；在愛裡，黑暗確認了我們緊緊相依。

二〇〇二年十月

After 'Guernica' (1937) — Beirut, Cana, Tyr (2006)

我想至少為今日的痛苦說點什麼。

消費主義已成了這個星球最強大也最具侵略性的意識形態，它開始想說服我們，痛苦是一種意外，我們可以為它買保險。這就是它冷酷無情的邏輯基礎。

當然，每個人都知道痛苦是人生無法根除的痼疾，每個人也都想忘了這點，或讓它看起來沒那麼絕對。各種「失樂園」（從不知痛苦的世界墜落）神話，都是企圖把世間的痛苦相對化。發明「地獄」（一個痛與罰的毗鄰國度）亦然。類似的努力還包括「犧牲」。以及很久很久之後的「寬恕」。我們甚至可以說，「人生為何是痛苦的」這一疑問，正是哲學的起源。

然而，道盡了上述種種之後，我依然要說，今日世人所承受的痛苦，或許是史無前例的。

在我書寫的此刻，世間一片黑暗，雖然外面是朗朗白晝。時值二〇〇二年十月初。近一週來，巴黎的天空始終蔚藍。日暮時分逐日提前，落日光輝燦爛耀眼。許多人心懷恐懼，害怕不久之後，美國軍方將對伊拉克發動「預防」戰爭，好讓美國石油公司的黑手伸得更長，以確保石油供應無虞。更多人希望能避免這場戰爭。情勢曖昧不明，在決策宣達與祕密盤算之間懸宕，與此同時，謊言盡出，為發射飛彈鋪好道路。我在這羞恥的黑暗之夜，振筆書寫。

這羞恥並非個人罪惡。我所理解的羞恥是一種情感類屬，它會日積月累侵蝕掉我們懷抱希望的能力，阻礙我們往前看。於是我們低頭緊盯雙腳，目光只及於接下來的一小步。

世界各地之人，儘管生活條件迥然殊異，無不自問：我們究竟身在何方？這是個歷史問題而非地理問題。我們正在經歷什麼？我們將被帶往何處？我們失落了什麼？少了貌似真實的願景，未來該如何繼續？我們為何喪失了超越此生的視野？

才識豐富的專家們振振有辭地回答全球化、後現代主義、傳播通訊革命、經濟自由主義。淨是些套套邏輯和推託之詞。對於「我們身在何方」這個惱人至極的問題，專家們只敢囁嚅地說：哪裡也不在（Nowhere）！

何不明白表示，我們正生活在有史以來最暴虐混亂的時代，因為沒有一個地方可以倖免？這場暴虐的本質很難捉摸，因為它的權力結構（從前兩百大跨國企業到美國五角大廈都包括在內）既環環相扣又四方漫射，既獨裁自大又無名無姓，既無所不在又無一定所。它從境外施展它的暴虐，這裡的境外非指財政法律術語，而是超出任何政治掌控的地方。它的目標是將整個世界從地上拔起，消除其地方性。它的意識形態策略是暗中侵蝕這個實存世界，直到每項事物都崩解成它的虛擬版本，然後這個虛擬國度將出現源源不絕的利潤之泉——這正是這位暴君孜孜恪守的信條。相較之下，賓拉登的意識形態策略簡直就像童話故事。聽起來很蠢。但暴君本來就是麻木不仁的蠢蛋。眼前的這一位，正在摧毀這個星球賴以運作的所有生活層面。

除了意識形態，這位暴君還有兩大威脅武器可供施展。其一是由全世界武力最強大的國家從空中進行干預，你可以把這稱為「B52空中威脅」（Threat B52）。其二是以殘忍無情的手段讓你債台高築、破產倒閉、窮餓致死，當前世界的生產關係就是明證，這可稱之為「一無所有的威脅」（Threat Zero）。

羞恥，乃源自於這樣的爭辯：當前世界遭受的許多苦難其實是可以減輕甚或避免的，只要我們做出某些實際而簡單的決定（我們多少都承認這點，但出於某種無能為力而不願深思）。今日，集會的時刻往往也就是極度苦惱的時刻。

只是因為得不到一天不及兩美元的醫療資源，一個人就該注定等死嗎？這是去年七月，世界衛生組織總幹事向世人提出的質問。她說的，是蔓延於非洲和其他地區的愛滋病，據估計，在往後十八年裡，這項疾病將奪走六千八百萬條人命。而我說的，是生活在當今現世的痛苦。

對於未來事件的分析和預測，多半是在個別的專業領域內進行：經濟學、政治學、媒體研究、公共衛生、生態學、國防、犯罪學、教育等等，這當然是可以理解的。然而這些獨立領域其實彼此接連，它們共同組成了我們生活的真實世界。人類的苦難來自於分門別類的錯誤，但人類卻是同時承受著這些苦難，**無法分割**。

舉一個現下的例子：上週，有幾名庫德族人逃亡到法國雪堡（Cherbourg），法國政府拒絕給予政治庇護，他們隨時有可能被遣送回土耳其。這些庫德族人貧窮困乏，在政治上不受歡迎，沒有土地，筋疲力竭，沒有合法身分，不是任何人的客戶。而且，他們是在同一秒鐘承受著這所有情況中的每一種！

想要改善當前情況，我們需要跨學科的視野來將至今依然各自為政的「領域」接連起來。這樣的視野，必然是政治的（這裡指的是「政治」一辭的原始意義）。而以政治性眼光思考全球事務的先決條件，就是要把所有正在發生的不必要災難視為**一個整體**。

*

我在這黑暗之夜書寫，但我看見的不只是暴虐。倘若只有暴虐，我將沒有勇氣繼續執筆。我看到人們沉睡、忙碌、起床喝水、低訴他們的計畫或恐懼、做愛、祈禱、在家人的鼾聲中烹煮食物，在巴格達，在芝加哥。（是的，我也看到永不屈撓的庫德人，其中有四千人在美國的默許下，在海珊政權的煤氣室被毒死。）我看到糕點師父在德黑蘭工作；被當成盜匪的薩丁尼亞牧羊人在羊群旁小眠；我看到柏林腓特烈森林區（Friedrichshain）一名男子穿著睡褲、拿著啤酒、讀著海德格，他有雙無產階級的手；我看到一艘非法移民的小船停在西班牙亞利岡特（Alicante）海岸附近；我看到馬利（Mali）的一名母親正搖著嬰兒入睡，她叫阿雅，意思是「誕生於週五」；我看到喀布爾的廢墟，一名男子正在返家途中；而且我知道，儘管痛苦，但倖存者尋覓並聚集能量的聰明靈敏並未稍減，甚且不斷精進，這其中蘊藏著某種精神價值，某種類似聖靈的東西。儘管世局黑暗如夜，但我對此深信不疑，雖然我道不出其中緣由。

*

德弗札克（Antonín Dvorák）[1]在一個多世紀前譜下他的《新世界交響曲》（*Symphony from the New World*）。當時他是紐約一所音樂學校的校長，這首曲子同時也激發了他的靈感，讓他於十八個月後，同樣在紐約，完成了莊嚴雄渾的《大提琴協奏曲》（*Cello Concerto*）。他在《新世界交響曲》裡，將故鄉波希米亞的連綿地景與起伏山巒，轉化為新世界的憧憬許諾。這首曲子鏗鏘有力、情韻盎然，卻絲毫無浮誇之氣，因為它呼應了弱勢無權者的渴望，奏彈出被誤貶為單純無知之人的期盼，抒發了一八七八年美國憲法所訴諸之廣大平民的心聲。

我想不出其他藝術作品如《新世界交響曲》這般，直接而頑強地表達出美國

1 德弗札克（一八四一—一九〇四）：捷克國民樂派的代表性音樂家，充分融合了民族主義精神與交響樂的傳統。一八九二至一八九五年間，德弗札克應邀在美國執教，讓他有機會接觸到印地安人和黑人音樂，創作出著名的《新世界交響曲》。

移民的信仰，這些信仰激勵著一代又一代的美國移民。（德弗札克出身農家，他父親夢想著有朝一日，兒子能當個肉店老闆。）

在德弗札克眼中，移民懷抱著信仰，其力量源自於一種溫柔敦厚的情感，源自於對生命的尊重，這些都是不可分割的，而這些，也正是我們經常在被統治者（相對於統治者）身上可以感受到的特質。《新世界交響曲》正是因為傳達了這樣的精神，所以在卡內基音樂廳（一八九三年十二月十六日）首演之日，立刻得到廣大的歡迎與迴響。

有人詢問德弗札克，對美國音樂的前景有何看法？德弗札克的回答是，建議美國作曲家多聽印地安人和黑人的音樂。《新世界交響曲》懷抱著一種消弭疆界的希望，然而，弔詭的是，這希望之所以廣受歡迎，卻是因為它緊緊環繞著「家園」這個概念。一種烏托邦的弔詭。

然而，曾經激發出如此美好希望的同一個國家，今日卻淪落到由一幫狂熱（企圖打壓資本權力之外的任何事物）、無知（只看得到自己的強大火力）、偽善（對自己和對別人永遠有兩套道德標準）之徒掌權，一幫殘忍無情的B52陰謀者。

事情怎會如此？布希、梅鐸、錢尼、克里斯托和倫斯斐等人，又是如何掌權得勢？這問題純屬虛問，因為並無單一答案，這問題純屬無益，因為沒有任何答案能撼動他們的權勢。但我依然要在這黑暗之夜如此提問，以控訴這滔天大罪。因為我們正在書寫這個世界的苦痛。

我們必須拒斥這些新暴政的論述。這些話全是胡扯。那些漫無止境、老調重彈的演說、宣告、記者招待會和威脅辭令，一再翻弄著「民主」、「正義」、「人權」和「恐怖主義」這幾個辭彙。但這每一個辭彙在他們的字裡行間，卻是代表了與其原義截然相反的意思。

民主是針對決策制定過程的計畫提案（很少真正落實），和選戰幾無關聯。它保證所有的決策事先都必須諮詢被統治者的意見，並按照他們的意見執行。民主的基礎在於，人民能充分得知討論議題的相關資訊，以及決策制定者願意傾聽人民的意見並有能力加以實踐。不可把民主和二選一的「自由」、公布民意調查或各式各樣的統計數據搞混。這些都只是統治者藉以標榜的民主假面。

然而今日，最重要的一些決策，那些為全球人民帶來許多不必要痛苦的決策，都是由執政者單方面決定，從未公開諮詢民眾或讓民眾參與。

軍事和經濟策略專家如今都知道，媒體扮演了至為關鍵的角色，其最大功能不是在擊潰當前的敵人，而是在防止本國人民叛亂、抗議或拒絕合作。暴政對傳媒的操弄程度，正是其內心恐懼指數的反映。如今的暴政，對世人的絕望深感恐懼。恐懼到從不使用「絕望」一辭，除非它指的是危險的民眾。

當人們的日常所需超越了金錢，痛苦便成了每日的必需品。

*

如今，打倒這項暴政的每一種形式都是合理的。與其對話是不可能的。想要堂堂正正的活著，莊嚴體面的死去，我們就必須為事物正名。讓我們重新收回被竊走的話語。

我在黑暗之夜寫下此文。在戰爭中，黑暗不與任何人為伍；在愛裡，黑暗確認了我們緊緊相依。

七

反恐戰爭或恐怖戰爭？

看著這兩起事件，我們知道世界再也不會如同往昔；生命所必須承受的處處危機，在一個晴朗無雲的早晨，徹底改變了。

二〇〇二年六月

After 'Guernica' (1937) — Beirut, Cana, Tyr (2006)

二〇〇一年九月十一日，當我在電視上看到雙子星大樓被撞毀的報導時，我立刻回想起一九四五年的八月六日。我們就是在那天傍晚，於歐洲獲悉原子彈轟炸廣島的消息。

這兩起事件都讓人馬上聯想到，一顆火球從朗朗晴空毫無預警的俯衝而下，兩者所選定的攻擊時間都是早晨，也就是城市的居民開始工作、商店初剛營業、孩童準備上課的時間。兩者都把一切化為灰燼，人體被炸到空中，成了殘塊。兩者都因為首次啟用了新型毀滅性武器（六十年前的原子彈，以及去年秋天的民航機）而引發人心惶惶、混亂失序的恐怖氣氛。在這兩起事件的中心點，每處地方、每件事和每個人，都籠罩著厚厚的死亡之灰。

當然，這兩起事件的來龍去脈和規模幅度都相去甚遠。曼哈頓的灰燼並無放射性物質；一九四五年投下原子彈時，美國和日本已經打了整整三年的全面戰爭。然而，這兩起攻擊事件都是有計畫的，也都是一種宣示。

看著這兩起事件，我們知道世界再也不會如同往昔；生命所必須承受的處處危機，在一個晴朗無雲的早晨，徹底改變了。

落在廣島與長崎的兩顆原子彈宣示著：從此之後，美國是這個世界的軍事超強力量。九一一攻擊則傳達了：這個超強力量再也無法保證其本土家園不受傷害。這兩起事件分別標示著一個時代的開始和結束。

布希總統對九一一事件的反應，是發動所謂的「反恐戰爭」，這場戰爭最先命名為「無限正義」（Infinite Justice），後來改稱「持久自由」（Enduring Freedom）。對於布希總統的這項反應，美國公民提出了最為尖銳也最為痛苦的評論和分析。給我們這些堅決反對華府當前決策者的人扣上「反美主義」的大帽子，是一種目光短淺的做法，就像他們所制定的那些政策一樣。因為有無數「反美主義」的美國公民，和我們立場一致，彼此團結合作。

不過，也有不少支持布希政策的美國公民，甚至有六十位知識分子簽署了一份聯合聲明，試圖界定何謂廣義的「正義」之戰，並藉此說明美國在阿富汗所進行的「持久自由」行動以及即將展開的反恐戰爭，何以是師出有名的正義之舉。

他們引用聖奧古斯丁（St. Augustine）的說法指出，當戰爭的目的是為了保衛無辜人民不受邪惡勢力迫害，這樣的戰爭便具有道德上的正當性。他們還補充說，這類戰爭必須盡可能把非戰鬥人員排除在外。

然而，即便是用純真無邪、毫不懷疑的眼光來閱讀（寫下這篇聲明的動機，當然既非自動自發，也非純真無邪），這篇聲明讀起來也很像是一群博學多聞、慢條斯理的專家，好整以暇地聚集在一座大圖書館裡（或是寒暑假期間的某個游泳池畔），花上一大把時間靜靜反思，提出種種猶豫、躊躇，進行討論，最後達成協議，做出論斷。這篇文章也讓人覺得，這場會議是在某個神祕的六星級旅館裡召開（只能搭直升機抵達），旅館占地遼闊，高牆環繞，布滿警衛和崗哨。這群思想家與在地居民之間沒有任何接觸。沒有任何碰面的機會。對於旅館高牆之外的真實歷史和此際此刻正在上演的時事，他們既不明白也不知曉。這是一篇不食人間煙火的「豪華觀光客的倫理學」（De Luxe Tourist Ethics）。

時序拉回一九四五年夏天。當時，日本前六十六大城市已經被凝固汽油彈夷為平地。單是東京便有一百萬平民無家可歸，還有十萬人死亡。負責執行轟炸任務的李梅少將（Major General Curtis Lemay）表示，他們被「燒炙煮烤至死」。小羅斯福總統的兒子和密友曾說，轟炸應該繼續，「直到日本的半數人口遭到毀滅」。該年的七月十八日，日本天皇致電繼任羅斯福的杜魯門總統，再次提出和平請求。但這項請求不受理會。

在原子彈轟炸廣島的前幾天，海軍中將拉德福（Vice Admiral Radford）吹噓說：「日本最後將變成一個沒有城市的國家——淪為游牧民族。」

那顆原子彈，從市中心一家醫院的上空投下，瞬間奪走了十萬條生命，其中九成五是平民。轟炸引起的火災和輻射效應，讓另外十萬條生命在痛苦的煎熬中緩慢死去。

「十六個小時之前，」杜魯門總統宣布：「一架美國空軍戰機在日本的重要陸軍基地廣島投下一枚炸彈。」

一個月後，第一份逃過官方審核的報導，出自大無畏的澳洲記者伯契特（Wilfred Burchett）之手，詳細描述了他在廣島一家臨時醫院裡親眼目睹的災難景象。

報導刊出之後，曼哈頓計畫（製造原子彈的計畫代號）的軍事負責人葛羅夫斯將軍（General Groves）急忙向國會議員拍胸脯保證，放射線污染不會造成「嚴重痛苦」，「事實上，他們說這是一種相當舒服的死法」。

一九四六年，美國政府的「戰略轟炸調查」報告做出結論：「即便美軍不投下原子彈，日本也會棄甲投降……」

＊

以上這樣的簡短描述，當然有過度簡化之嫌。曼哈頓計畫始於一九四二年，當時正值希特勒大獲全勝之際，德國的科學家很可能率先製造出最早的核子武器。而美國之所以在上述危機解除之後，依然決定在日本投下兩顆原子彈，則必須把日本軍隊在東南亞地區的殘暴行徑，以及一九四一年十二月日本偷襲珍珠港所造成的巨大衝擊考慮進去。當時有些美國將領和參與曼哈頓計畫的科學家，確實曾盡一切努力，企圖說服杜魯門總統放棄或延緩這項致命的決定。

該說的都說了，該做的都做了，日本終於在八月十四日宣布無條件投降，然而，我們卻無法（當然也不能）歡慶這場期盼已久的勝利。因為這場勝利的核心籠罩著一股深沉的傷痛，一種盲目的無知。

八

讓我們想想恐懼

「恐懼」把死亡阻擋在外，於是「死者」也拋棄了他們。

二〇〇三年四月

我們一定要成功，否則就可能失敗。
——小布希

巴格達陷落了。聲稱要為此地帶來自由的軍隊占領了這座城市。醫院裡一片哀嚎，擠滿了燒傷和殘廢的居民，其中很多是小孩，他們全是電腦化飛彈、砲彈和炸彈的受害者，而發射這些殺人彈藥的，正是這座城市的解放者。海珊的雕像被一一推倒。與此同時，在美國五角大廈的一場新聞記者會中，國防部長倫斯斐表示，敘利亞將是美國下一個要解放的國家。

今天早晨，我收到一位畫家朋友傳來的電子郵件，上面寫著：「這世界已讓人不忍卒睹，只能回想。」對這痛徹肺腑的吶喊之聲，我們都心有戚戚焉，然而，還是讓我們思考一下。

當我們注視著一座熟悉的山脈時，其中有某些時刻是不可能重複的。那關乎某一道特殊光線，某一個確切溫度，關乎一陣風或一個季節。你可能花上七輩子的時間，也無法看到同一座山脈再次出現同樣的景致；它的面貌，就像早餐時分從對桌傳來的一瞥眼神那樣，短瞬即逝且獨一無二。山脈固著不動，宛如不朽的象徵，但對經常親近山脈的人而言，山脈的面貌永不重複。山脈有它自己的時間表。

正在伊拉克進行的戰爭，每日每夜都不相同，不同的悲痛，不同的反抗，不同的愚行。然而，它依然是同一場戰爭，早在它開打之前，幾乎舉世都認定那是一場非常諷刺的侵略行動，因為它所標舉的原則與它的真實目的之間，隔著一條最深的海溝。這場戰爭，是為了控制全世界最豐富的油藏而打，是為了測試最先進的武器而打，像是電磁炸彈（microwave bomb）以及各種冷酷無情的毀滅性武器，其中有許多是由軍火商免費提供給五角大廈，想藉此爭取到日後戰爭的大筆合約。但這場戰爭的首要目的，還是為了向當前這個四分五裂卻又全球化的世界，展示何謂「震撼與威懾」（Shock and Awe）！

我們還可以說得更白一點。美國之所以違背聯合國決議發動這場戰爭，主要是為了向所有拒絕遵從美國利益的領袖、國家、社群或人民，展示它們將會面臨何種下場。早在布希當選之前，也就是九一一事件之前，美國的企業和戰略規畫圈中，對於這項展示的必要性已經討論得沸沸揚揚，還留下了許多提案以及備忘錄。

「美國利益」一辭，在此可能會產生誤解。它指的並不是與美國公民直接相關的利益，不論是窮人或富人，它指的是規模最龐大的跨國企業的利益，這些企業通常是由美國資本所主導，而現在，必要時，還可由美國軍隊出兵防衛。

自九一一事件發生後，倫斯斐、錢尼、萊斯、渥夫維茲（Wolfowitz）和珀爾（Perle）等人，成功杜絕了悠悠眾口，大家不再討論這類威嚇性的軍事部署是否合法，又有何終極效用。他們利用雙子星大樓攻擊事件所引發的強烈恐懼，試圖收編媒體和輿論，支持政府對任何恐怖主義對象採取單方面先發制人的攻擊行動。於是乎，世界市場和它編造的故事就這樣被織進了星條旗裡，而創造利潤（因為很少人有這本事）也成了唯一神聖不可侵犯的絕對真理。

「恐怖主義是窮人的戰爭，戰爭是富人的恐怖主義。」這是劇作家尤斯汀諾夫（Peter Ustinov）最近提出的精闢觀察。

雖然美國斷言伊拉克仍擁有大規模的毀滅性武器，並以此做為入侵該國的合理藉口，但是這場戰爭交戰雙方的火力懸殊程度，恐怕是有史以來最大的一次。其中一方擁有日以繼夜的衛星監視系統、B52轟炸機、戰斧巡弋飛彈、集束炸彈、貧鈾砲彈，以及精密複雜到足以形成「無接觸戰爭」理論（與虛擬夢想）的電腦化武器。另一方，則是沙包、揮舞著過時手槍的老男人，以及一小撮阿拉伯突擊隊員，穿著破破爛爛的襯衫和運動鞋，拿著幾枝卡拉希尼可夫步槍。配備傳統武器的伊拉克國民軍，大多數在第一個禮拜就被炸得灰飛煙滅。伊拉克軍隊和聯軍之間的傷亡比例，就和著名的「沙漠風暴」（Desert Storm）作戰一樣，幾乎接近一千比一。

地面部隊在接獲攻擊指令的五天之內，便拿下了巴格達。接下來的首要之務，就是推倒獨裁者海珊令人厭惡的雕像，這項工作同樣遵循著差距懸殊的模式，被解放的公民手中只有槌子，而美軍部隊則有坦克和推土機相助。

迅雷不及掩耳的作戰速度，說服了那些馴良記者（不包括大無畏的勇敢記者），相信這次入侵行動果真如華府所保證的，是一場解放運動！強權證明了它就是公理！與此同時，在長達十一年的物資禁運中幾乎失去一切的巴格達窮人，開始掠奪人去樓空的公共建築。混亂失序就此揭幕。

＊

讓我們重新回到山脈，那座有著另一種時間表的山脈，然後從那眺望。那些擁有空前武器優勢的勝利者，那些必然會成為勝利者的勝利者，看起來似乎充滿恐懼。恐懼的不只是帶著毒氣面罩的海軍陸戰隊，他們被發派到這個麻煩國家並承受著貨真價實的沙漠風暴；恐懼的還包括在千里之外的五角大廈舒服享受的發言人；不過最讓人不寒而慄的，還是那些出現在電視上，或在某個不尋常的神祕地方進行陰謀協商的聯軍領袖。

戰爭初期所犯下的許多錯誤，例如士兵遭到誤傷，以及平民家庭被近距離射擊炸成碎片（「動能攻擊載具」行動）等等，都被歸因於過度緊張。

當我們遭到恐懼伏擊時，任何人都可能在任何時刻變得極度害怕。然而，那些「世界新秩序」的領袖們，像是與「恐懼」結婚似的，不斷把同樣的恐懼灌輸給他們的下屬指揮官和士兵。

這樁婚姻該如何進行呢？「恐懼」的配偶們日日夜夜都在煩惱著，該如何告訴自己和下屬，那些半真半假的報導都是正確的，那些半真半假的報導是希望改變這個世界，把世界改造成另一種模樣！大約要有六個半真半假的報導才能編造出一個謊言。結果是，他們與現實完全脫節，但卻不斷夢想著權力，當然也行使著權力。他們得不斷消化那些層出不窮的震驚事件。果決成了他們的必要手段，唯有這樣才能避免提問。

像他們這樣與「恐懼」聯姻，自然無法和死亡達成協議，或為死亡找到安息之所。「恐懼」把死亡阻擋在外，於是「死者」也拋棄了他們。他們在這個星球上孤獨無伴——但其他人並非如此。這就是為什麼，儘管他們能行使種種權力，包括軍事的和非軍事的，但卻依然身處險境。令人膽戰心驚的險境。這也是他們無法生存的原因。

戰爭開打第二十三天，混亂失序的程度如指數般飛竄上升，愈演愈烈。海珊政權已遭顛覆。海珊本人不見蹤影。空中轟炸持續在法蘭克將軍（General Tommy Franks）[1]認為適當的地方製造災難。在巴格達和其他被解放的城市裡，每樣

1 法蘭克將軍：伊拉克戰爭的美軍攻擊總司令。

東西不是被搶、被偷，就是遭到破壞，遭此毒手的不只是人去樓空的政府單位，還包括商店、住家、旅館，甚至塞滿了愈來愈多無助病患的醫院。在巴格達，有些醫生竟然得拿起槍枝來保衛他們的醫療行為和設備。與此同時，解放這座城市然後重創這座城市的軍隊，卻站在一旁，震驚、緊張、束手無策。

興高采烈地推倒海珊雕像的戲碼，早在五角大廈的預想之中，甚至還為了這套戲碼精心設計了種種鋪陳，因為它帶有半真半假的特質。五角大廈不曾預見的，是這座城市的真實全貌。國防部長倫斯斐表示，巴格達的混亂失序只不過是「一種凌亂的現象」罷了。

當某個暴政不是被其人民推翻，而是被另一個暴政趕下台時，其結果必然是混亂失序，因為對人民而言，這似乎意謂著社會安定的最後一絲希望已告破滅，他們只能想盡辦法保命求活，偷盜劫掠就此展開。事情就是這麼簡單，卻也是這麼可怕。然而，新暴政什麼也不懂，他們無法想像置身絕境的人民會怎麼做。恐懼蒙蔽了他們的雙眼；他們在這個星球上孤獨無伴；甚至連死者也拋棄了他們。

九 石頭

我不是征服者，我隸屬於失敗者的一方，令戰勝者心懷恐懼的失敗者。勝利者的時間永遠是短暫的，失敗者的時間卻無限綿長。

二〇〇三年六月

我認為，伊克巴・阿美德（Eqbal Ahmad）[1]是位看見生命全貌的人。他精幹、敏捷、沒時間搭理蠢蛋、熱愛烹飪，是機會主義者的反面，是那些把生命搞得支離破碎之人的反面。我寫過一篇文章，談他的童年時代，他是在印巴分離時期的比哈爾（Bihar）度過童年。某個晚上，他在阿姆斯特丹的一家酒吧裡跟我聊起這故事，我把它寫成了紙本。讀過之後，他要求我把名字改掉。我遵照他的要求。故事的內容是關於他為何在十七歲那年立志成為革命者。如今，他過世了，我可以把他的名字還給他。

受到法農（Frantz Fanon）著作的影響，尤其是他的《大地上的受苦者》（*The Wretched of the Earth*），阿美德積極投入好幾場解放抗爭，包括巴勒斯坦解放運動。我還記得他跟我談過葉寧（Jenin）[2]。晚年，他在巴基斯坦創立了一所自由思考的大學，並以十五世紀偉大哲學家伊本・赫勒敦（Ibn Khaldun）的名字命名，這位哲學家在社會學存在之前就已經想像了這門學科。

阿美德很早就領悟到，生命必然會走向分離。在悲劇被當成垃圾丟掉之前，大家都知道這點。阿美德思考悲劇、理解悲劇，也接受悲劇。正因如此，他投注了龐大心力去鍛造連結：友誼的連結、政治團結的連結、軍事忠誠的連結、詩的連結、殷勤款待的連結，這些連結讓我們在面對必然的分離之後，還有機會生存下去。我還記得他烹煮的食物。

我沒預期在拉姆安拉（Ramallah）碰到阿美德。然而奇特的是，我在那裡拿起來翻閱的第一本書，第三頁上就有一張他的照片。不，我沒尋找他。不過，打從我決定造訪這座城市開始，他就一直在我身旁，他還在我的想像力小螢幕上，留下一行宛如簡訊的字句。

看那些石頭！他說。

---

1 阿美德（一九三三—一九九九）：巴基斯坦作家、記者兼反戰分子，強烈抨擊美國的中東政策，以及被他視為孿生詛咒的民族主義與宗教狂熱。出生於印度比哈爾，印巴分離後移居巴基斯坦。在巴基斯坦主修政治，之後赴美國取得政治和中東歷史博士學位。一九六〇至一九六三年移居北非，加入阿爾及利亞民族解放陣線；一九六八至一九七二年間，強力反對美國入侵越南與柬埔寨；一九九七年在巴基斯坦主持一所獨立另類的自由思考大學。被譽為「無懼於任何權威當局的知識分子」。

2 葉寧：約旦河西岸的巴勒斯坦難民城鎮，一九四八年成立，人口約一萬三千人，是一個激烈反抗以色列的城鎮。二〇〇二年四月，以色列以葉寧巴勒斯坦人發動多起自殺炸彈攻擊為由，以戰車和直升機對該鎮進行連日轟炸和進攻，使該鎮淪為廢墟，是謂「葉寧大屠殺」。

好的，我回覆，我會看那些石頭，用我自己的方式。

有些樹木，特別是桑樹和枸杞樹，依然在叨叨訴說著，很久很久以前，在另一代人的生命裡，在Nakbah發生之前，富裕的拉姆安拉是座悠閒輕鬆的小鎮，是耶路撒冷的炎夏避暑勝地，是美麗的度假區。Nakbah指的是一九四八年的「大災難」，那場大災難讓一萬名巴勒斯坦人死於非命，七十萬人被迫離開家園。

很久很久以前，拉姆安拉的新婚夫婦會在花園種植玫瑰，祈求白頭偕老、永浴愛河。這裡的沖積土壤很適合玫瑰生長。

如今，拉姆安拉是巴勒斯坦當局（Palestinian Authority）的首都，市中心的每一道牆面上都貼滿了死者的照片，那是他們生前拍的，死後印成了小海報。這些死者都是第二次因提法達（Intifada）[3]的陣亡烈士，第二次因提法達從二〇〇〇年九月開始。這些烈士包括所有被以色列軍隊或屯墾居民殺死的巴勒斯坦人，以及那些決定用自殺式反攻擊犧牲生命的巴勒斯坦人。這些臉孔把原本散漫無序的牆面，改造成某種親密無比的東西，就像裝了私人證件和照片的皮夾。皮夾的一個口袋裝著以色列安全單位核發的身分磁卡，少了這張磁卡，巴勒斯坦人連幾公里以外的地方都去不了。皮夾的另一個口袋，裝的是永恆的信念。海報四周的牆面上，布滿了瘢瘢彈痕及榴彈碎片。

街上有一名老婦人，她很可能是好幾只皮夾裡的老祖母。有幾個十幾歲的青少年，還有許多父親。他們聽著彼此訴說與死亡相遇的故事，其中有一個會讓人想起貧窮是什麼。貧窮迫使人們為微乎其微的東西做出最困難的抉擇。貧窮就是**幾近於零**的生活。

臉孔被張貼在牆上的男孩們，大多出生在和貧民窟一樣窮的難民營裡。他們很早就離開學校賺錢養家，或是幫忙父親工作，如果父親有工作的話。有些人夢想當個超級足球員。更多人曾經削下木頭做成彈弓，綁上繩索扭上皮革，朝占領軍發射石頭。

只要比較一下衝突雙方的武器，我們就又會想起貧窮是什麼。衝突的一方有

---

3 因提法達：阿拉伯文「擺脫」的意思，指的是人民反對壓迫、就地起義。一九八七年十二月，一輛以色列坦克開入加薩難民營，壓死四名巴勒斯坦人，引起當地人民的憤怒，就此展開與以色列當局長達六年的對抗，此即第一次因提法達。第二次因提法達發生在二〇〇〇年。

阿帕契和眼鏡蛇直升機、F16戰機、艾布蘭戰車、悍馬吉普車、電子監控系統和催淚瓦斯；另一方則是彈弓、投石器、手機、老舊的卡拉希尼可夫步槍和土製炸彈。這種天壤之別的對比透露出某種氛圍，某種我可以在那些極度悲傷的牆面上感受到的氛圍，但我無以名之。倘若我是以色列士兵，不論我的裝備有多精良，我終將因為這無以名之的氛圍而感到害怕。也許，這就是詩人穆里・巴爾古提（Mourid Barghouti）[4]所說的：「生者日漸老去，烈士卻永遠年輕。」

以下，是來自牆上的三則故事。

胡斯尼・奈賈（Husni Al-Nayjar），十四歲。協助父親從事焊工工作。他在朝占領軍扔石頭的時候遭到射殺，子彈正中腦門。照片裡的他，平靜而堅定地凝視著前方。

阿布都哈米德・卡赫提（Abdelhamid Kharti），三十四歲。畫家兼作家。年輕時，曾接受醫護士訓練。他志願加入急救單位，拯救並照顧傷患。他的屍體在檢查哨附近被人發現，前一天晚上，該地並未發生任何衝突。他的手指遭到切除，一根拇指鬆垮垮地懸著。他的一隻胳臂、一隻手外加下巴，全給打得粉碎。身上共有二十處彈孔。

穆罕默德・艾杜拉（Muhammad Al-Durra），十二歲，住在布雷吉難民營（Breij Camp）。他在返家途中遭到射殺。當時他和父親正通過加薩走廊的內察利姆（Netzarim）檢查哨，哨兵命令他們下車。他們一下車，哨兵的槍已上膛。兩人見狀立即躲到一堵水泥牆後。父親向哨兵揮手，表示他們無意逃跑，隨即手上就挨了一槍。緊接著是穆罕默德一腳中彈。父親拚死用身體護衛他的孩子。更多子彈朝兩人飛來，男孩死了。醫生在父親身上取出八顆彈頭，雖然保住了一條命，卻全身癱瘓，再也無法工作，目前仍處於失業中。因為這起事件恰巧被拍攝下來，這故事遂在世界各地不斷流傳。

我想為卡赫提畫張素描。一大清早，我們前往艾尼金雅（Ain Kinya）小村，小村後方，是貝都人的營地，緊貼著一條河谷。太陽尚未發威。山羊和綿羊

---

4 穆里・巴爾古提（一九四四—二〇二一）：巴勒斯坦詩人及作家。出生於約旦河西岸，一九六七年因以巴六日戰爭爆發，在開羅就讀的他，因而無法返回家園，流亡海外三十年，直至一九九六年才重返家園。《回家：橄欖油與無花果的記憶》（*I Saw Ramallah*，中文繁體字譯本由馬可孛羅出版）一書，便是記載當代巴勒斯坦人離散流亡的代表性作品。

在帳篷中間吃著牧草，有一搭沒一搭的。我選了面東的山巒當背景。坐在鄰近黑色帳篷的一塊岩石上。手中只有筆記本和這枝筆。地上有個被丟棄的塑膠杯，一個念頭浮現，或許我可以取些泉水過來，必要的時候，可以把我的墨水混進去。

畫了好一會兒後，有個年輕人（這個營地裡每個沒露面的人，當然都會注意到我）走過來，打開我背後帳篷的入口，走進去，拿出一把破舊的白色塑膠椅，他的意思是，那張椅子應該會比岩石舒服。我猜，這張椅子最初八成是被某個糕餅鋪或冰淇淋店扔到街上，然後讓他拾了回來。我向他道謝。

陽光愈來愈烈，青蛙也開始在幾乎乾涸的河床上鳴叫，我坐在貝都人營地裡的一張顧客椅上，繼續作畫。

左邊幾公里外的一座山頂上，是以色列的屯墾區。它看起來很軍事化，宛如可以快速拆卸的武器零件。遙遠而渺小。

緊貼在我面前的石灰岩小丘，像隻巨大動物沉睡的頭。小丘上零星分布的岩石，是纏附在亂髮上的棘刺。突然一陣氣惱襲來，怎會沒顏料呢?!我把塑膠杯裡的水朝腳邊的塵土倒去，用手指沾那泥水，掃畫出動物的頭。陽光炙人。騾子嘶吼。我不斷翻頁，不斷畫著，一幅又一幅。沒一幅像是畫好了。那名年輕人終於又轉了回來，他想看我的畫。

我攤開筆記本。他露出笑容。我翻動頁面。他指著一個地方。我們的，他說，我們的塵土！他指著我的手指，不是我的畫。

然後，我們一起望著山丘。

我不是征服者，我隸屬於失敗者的一方，令戰勝者心懷恐懼的失敗者。勝利者的時間永遠是短暫的，失敗者的時間卻無限綿長。他們的空間也不相同。在這塊飽受限制的土地上，一切都與空間有關。他們所遭受的壓制，首先就是空間上的。以色列政府用種種違犯國際法的手段，設立檢查哨，破壞古老的道路，興建只准以色列屯墾居民使用的新支線，在山頂建造堡壘式的屯墾區做為周遭平原的監控中心，以及實施宵禁，迫使居民日夜留在家中，直到禁令解除。在去年以色列入侵拉姆安拉期間，整整執行了長達六週的宵禁，只在幾個特定日子開放數小時讓民眾購物。當時，巴勒斯坦人甚至沒有足夠的時間將死在睡床上的親人下葬。

以色列異議派建築師魏茲曼（Eyal Weizman），在一本勇氣十足的書裡指出，這種全面性的地面掌控，最早是出現在區域規畫師和建築師的藍圖當中。早在坦克與吉普車開達之前，這項暴力就已展開。他提到一種「垂直的政治」，無論失敗者身在何處，就算「在自己家裡」，也會受到名副其實的**由上監控**和**由下侵蝕**。

這暴力無所不在，左右著日常生活的每個舉措。某個巴勒斯坦人早上醒來，喃喃自語：「嗯，我今天想去……」想到這兒，他立刻打住，因為他得計算這趟短短的路程要穿越多少關卡。他的雙腿被牢牢栓住，哪怕只是最簡單的一個日常決定，也無法邁出腳步。

更慘的是，這些關卡每天變來變去，毫無預警，於是乎，連時間累積的經驗也殘廢了。沒人知道，今天早上去上班、去探望母親、去上學、去看醫生，得花上多少時間，也不知道做完這些事後，又得花掉多少時間才能回到家。這趟旅程，不論往返，可能只要三十分鐘，也可能花上四小時，或是在路上直接就被子彈隨時上膛的軍人射死。

以色列政府宣稱，它們必須採取這類措施以對抗恐怖主義。那只是虛假的藉口。他們真正的目的，是要摧毀當地居民的時間連續感和空間連續感，好讓他們既離不開這裡，也無法變成契約雇工。然而，就是在這一點上，死者幫助生者進行反抗。就是因為這樣，這裡的男男女女決定讓自己成為烈士。正是這樣的壓制，激起了志在戰鬥的恐怖主義。

拉姆安拉有條石頭小路，或說鵝卵石小路，可下到南方的山谷。小路有時會穿過彎彎曲曲的老橄欖樹叢，其中有些可追溯到羅馬時代。這條崎嶇不平的小徑（任何車輛都很難行駛），是巴勒斯坦人與鄰村之間的唯一通道。原先的柏油道路如今禁止通行，只保留給以色列屯墾居民。我大步向前邁進，因為我這輩子的經驗告訴我，走得愈慢，感覺愈累。突然，我在樹叢中瞧見一朵紅花，於是停下腳步，把花摘下。後來我得知它叫夏秀福壽草（Adonis Aestivalis）。它的紅色非常穠豔，但花期短暫。

伯哈（Baha）大聲警告我，別朝左邊的高丘走去。他喊道，他們若發現有人靠近，就會開槍。

我試著計算距離：不到一公里。距離那個不被建議前往的方向約兩百公尺之處，我看到一頭騾子和一匹馬被栓在那兒。我認為那是安全的保證，於是走了過去。

抵達那裡之後，我看到兩個男孩，大約十一歲和八歲，獨自在田裡工作。年紀較小的男孩正從埋在土裡的一只水桶裡，把水舀進水罐。他小心翼翼地把水注入罐中，沒灑出半滴，從他那專注的態度，就可知道水在這裡有多珍貴。年紀較大的男孩拿起裝滿的水罐，慢慢爬到下方一塊犁好的田裡，給植物澆水。兩人都光著腳。

正在澆水的男孩揮手叫我過去，一臉驕傲地向我展示排列成行的植物，共有好幾百株。我認得其中一些：番茄、茄子、大黃瓜。這些八成是上禮拜剛種的，還很小，需索著水分。有種植物我認不得，他注意到。又大又亮，他說。哈密瓜？Shumaam！我們都笑了。他盯著我笑，眼神中沒有一絲閃爍。（我想起胡斯尼・奈賈。）我倆正活在同一時刻——天曉得為什麼。一會兒，我們停住笑聲，四下張望，不約而同地瞥向屯墾區的防衛高牆和紅屋頂。他用下巴朝那方向指了一下，姿態中有種輕蔑，他想和我分享那股輕蔑，一如他想和我分享為植物澆水的驕傲。那股輕蔑讓我們露齒而笑——好似我倆同意在同一時間朝同一地點一起撒尿。

接著，我們一起走回崎嶇不平的小路。他拔了些矮薄荷，順手遞給我一把。

那嗆人的新鮮氣息，宛如飲下一口冷水，比水罐更清涼的冷水。我們朝騾子和馬匹走去。卸了鞍的馬匹上套著韁繩，但沒轡頭也沒馬銜。他想秀個絕活給我看，比那泡幻想中的尿更讓我印象深刻。他在小弟安撫騾子的當兒，跳上沒有上鞍的馬，隨即朝我前來的方向狂奔。那匹馬有六條腿，四條是牠自己的，另外兩條屬於牠的騎士，那男孩的雙手同時控制著這六條腿。他用好幾輩子的經驗騎著。回來時，他咧嘴笑著，頭一回露出羞赧的表情。

我趕上一公里外的伯哈和其他人。他們和一名男子聊著天，是那男孩的叔叔，他也正在給剛種下的植物澆水。太陽西沉，光線變了。此刻，褐黃色的泥土是整片地景的主色調，剛澆過水的部分顏色略深。他正把深藍色五百公升汽油桶裡的最後存水澆灑在植物上。

藍色汽油桶上，有十一處仔細黏牢的貼片，和用來處理戳洞的貼片很像，但大了一點。男子說，汽油桶是讓哈拉米須（Halamish）屯墾區的一幫傢伙給破壞的，就是有著紅屋頂的那個屯墾區，他們在某天晚上跑來這裡，發現桶子裡裝滿了春天的雨水，於是用刀把桶子割破。他向我解釋他如何修理那只汽油桶。下面的台地上還躺著另一只汽油桶，已經沒辦法修了。台地稍遠的地方，矗立著一株節瘤瘢瘢的橄欖殘株，根據它的樹圍判斷，應該有好幾百歲，甚至上千歲了。

幾天前，男孩的叔叔說，他們用鏈鋸砍了那棵橄欖樹。

再次引用穆里・巴爾古提的話：「在巴勒斯坦人眼中，橄欖樹是旅行者的餽贈，是新嫁娘的慰藉，是秋天的賞賜，是儲藏室的驕傲，是百代之家的財富。」

後來，我讀到一首薩卡里亞・穆罕默德（Zakaria Mohammed）[5]的詩——〈嚼口〉（The Bit）。詩中描述一匹沒有轡頭的黑馬，鮮血從牠的唇間滴下。薩卡里亞的馬匹旁邊，也有一個小男孩，被汩汩流出的鮮血嚇壞了。

黑馬正在嚼什麼？
他問，
牠在嚼什麼？
黑馬
正在嚼
一只鋼鐵鍛鑄的嚼口
一只記憶的嚼口

牠喀喀嚼著

喀喀嚼著直到嚥下最後一口氣。

給我矮薄荷的那名男孩，假如大上七歲，你不難想像，他為何加入哈瑪斯，為何準備好要犧牲生命。

拉姆安拉市中心的阿拉法特總部殘跡，那些粉碎的水泥板與傾頹牆石的重量，是一種莊嚴的象徵。但不是以色列指揮官想像的那種。對他們而言，摧毀阿拉法特總部及其同夥，等於是在公開羞辱他，就像那些被軍隊有系統地劫掠搜索的私人寓所中，那些被塗滿番茄醬的桌巾、家具和牆面，都是一種私下的警告，表示還有更糟的事情等著呢。

阿拉法特依然代表了巴勒斯坦人，或許比世界上的其他領袖更能忠實地代表

5 薩卡里亞・穆罕默德（一九五一—）：巴勒斯坦詩人、小說家，目前居住在拉姆安拉，他的作品被認為是阿拉伯世界現代詩作的代表之一。

他們的人民。他不是民主的代表，而是悲劇的代表。因此是莊嚴的。由於以他為首的巴勒斯坦解放組織所犯下的諸多錯誤，以及阿拉伯鄰國模稜兩可的態度，阿拉法特不再有任何政治操弄的空間。他已不想成為政治領袖。但他還是大膽地留在那個位置上。沒人相信他。但許多人願意為他而死。怎會如此？褪去政治人物身分的阿拉法特，變成了一座瓦礫山，一座祖國的山。

之前，我從未見過這樣的光。它以一種奇特的勻稱方式從天空射下，泯除了遠近之間的差別。遠近之間的差異是尺度上的，與顏色、紋理或清晰度無關。而這，會影響你安身立命的方式，會影響你的在地感。這塊土地環抱你，而非面向你。它和美國的亞利桑那州恰好相反。它不召喚你引誘你，它要你永不離去。

於是，我在這兒，一個夢想著歷代祖先中必定有某些人曾在波蘭、加利西亞（Galicia）[6]和奧匈帝國孕育成長至少兩百年以上的人。而在這裡，我毫不猶豫地認同於那些飽受以色列政府（和我的表親們）極權壓迫之人，認同於他們的痛苦和正義。

里亞德（Riad）是位木工教師，他剛離開座位，去拿他的畫給我看。我們坐在他父親家的花園裡。父親帶著他的白馬，正在給對面的田地鬆土。里亞德回來時，手上拿著一只像是從古老的金屬檔案櫃裡抽出來的文件夾，裡面裝著畫。他慢慢走著，雞群們用更慢的速度把路讓開。他坐到我對面，把畫一張一張遞給我。全是用硬蕊鉛筆畫的，是他記憶中的事物，看得出他耐心十足。那是在下班後的夜裡，一筆一筆畫出來的，直到黑色變成他想要的黑色，而灰色閃著銀亮。它們畫在很大張的紙上。

有幅畫是一只水罐。有一幅是畫他的母親。還有一幅是棟被炸毀的房子，一扇面向房間的窗，但房間已然消失。

當我終於把畫看完放下時，一名老人跟我說起話來，他有一張堅毅的農人之臉。你好像對雞有點了解，他說。母雞生病時，就不會孵蛋。幾乎啥都不做。然而，有一天，當牠醒來，發現死神靠近了。有一天，牠知道自己就快要死了。然後你猜，怎麼了？牠開始孵蛋，一孵再孵，除了死亡之外，沒任何事能阻止牠。

6 加利西亞：西班牙西北角的一塊自治區。

我們就跟那隻母雞一樣。

檢查哨有如強加在占領區上的內部國界，但又不同於任何正常的國界崗哨。它們是以如下的方式建造和管理：每個通過崗哨的人，立時淪為討人厭的難民。

這項設置所產生的壓制作用非常驚人，它不斷提醒著占領區的居民，誰是勝利者，誰又該認清自己是被征服者。巴勒斯坦人必須在自己的家園忍受難民般的屈辱，而且一天得扮演好幾次難民的角色。

所有巴勒斯坦人都得步行通過檢查哨，荷槍實彈的以色列軍人，可以扒下他們身上的任何東西進行「檢查」，只要他們高興。車輛不得通過。原本的道路已經被毀。新的強制性「通道」上鋪滿了鵝卵石、石塊和各種小型障礙物。於是所有人，包括身強體健的壯漢，都得蹣跚穿越。

幾個年輕人用四輪木箱把生病受傷和年老體衰的人推送過去（木箱原本是市場裡用來運蔬菜的），藉此賺點小錢過活。他們發給每位乘客一只靠墊，減輕顛簸之苦。他們傾聽乘客的故事。他們掌握最新資訊。（關卡每天變來變去。）他們勸說，他們悲嘆，他們為自己提供的舉手之勞感到驕傲。他們或許是最近似古希臘悲劇合唱團的一群人。

有些「通勤者」得借助枴杖，甚至要用上撐架。通常擺放在車輛行李箱裡的每樣東西，都得捆紮起來，用手提或背扛的方式一路「呵—唷，呵—唷」地帶過去。穿越的距離從三百公尺到一點五公里不等，而且一覺醒來就又改變了。

一般而言，在公共場合，巴勒斯坦夫妻（除了特別世故搞怪的年輕人以外）都會保持某種合乎禮節的距離。但是在通過檢查哨時，所有夫妻，不論老少，都會緊牽雙手，專心尋找每一步的立足點，同時仔細計算著通過瞄準槍枝時的適切步伐，不能太快——慌張會引起守衛懷疑；也不能太慢——猶豫會讓守衛們興起「玩遊戲」的念頭，以便打發日復一日的無聊公事。

大多數（並非全部）的以色列軍人都很惡毒。這和古希臘悲劇作家歐里庇得斯（Euripedes）所描述及哀嘆的殘忍無關，因為在此，對立的雙方並非勢均力敵，而是一方大權在握，一方軟弱無力。然而，這種強大的權力卻是伴隨著一股深沉的沮喪：因為他們發現，儘管掌握了所有武器，他們的權力還是有種莫名的限制。

我想用歐元兌換一些錫克爾（shekel）[7]——巴勒斯坦人沒有自己的錢幣。我順著主街走，經過許多小店，偶爾會瞧見一兩個男人坐在椅子上，在坦克入侵之前，那兒原本應該有條人行道的。男人手上握著一捆捆鈔票。我朝一名年輕人走去，表示我想兌換一百歐元。（這筆錢可以在其中一家金飾店給小孩買只小手鐲。）他拿出一個孩童用的小型計算機按了按，然後遞給我幾張百元錫克爾。

我繼續往前走。一名男孩，年紀約莫是那個戴著幻想金手鐲的女孩的哥哥，拿著口香糖向我兜售。他來自拉姆安拉那兩座難民營裡的其中一座。我買了口香糖。他也賣透明塑膠套，可以把磁卡身分證裝進去，放在皮夾裡。他皺著眉頭表示，希望我買下所有的口香糖。我全買了。

半小時後，我來到蔬果市場。有個男人賣的大蒜像電燈泡那麼大。人很多，擠成一團。有個人拍我肩膀。轉身一看，是那個換錢的年輕人。我少給你五十錫克爾，他說，喏，給你。我收下五張十元鈔票。你很好找，他加了一句。我向他道謝。

他看我的眼神，讓我想起當天稍早我遇到的一名老婦人。那眼神裡，有著對於當下此刻的莫大關注。冷靜而充滿思慮，彷彿她相信，此刻就是最後一瞬。

然後，那個兌換商轉過身，邁開長長的路程，走回他的椅子。

我是在寇巴（Kobar）村遇見那名老婦人。那是一棟還沒蓋好、寥寥落落的水泥房子。空蕩蕩的客廳牆上，掛了好幾張她姪子馬萬・巴爾古提（Marwan Barghouti）[8]的裱框照片。小男孩時期的馬萬，青少年時期的馬萬，四十歲的馬萬。此刻，馬萬人在以色列的某座監獄裡。假使他能活著出來，他將是法塔組織（Fatah）[9]少數僅存的政治領袖之一，任何具有實質性的和平協議，都必須與他協商才能定案。

我們喝著檸檬汁，老姑媽正在煮咖啡，這時，她的孫兒跑進花園：是兩名七歲和九歲的男孩。弟弟的名字是「祖國」，哥哥則叫「奮戰」。他倆四處奔跑，

---

7 錫克爾：以色列錢幣單位。

8 馬萬・巴爾古提（一九五八—）：巴勒斯坦重要政治領袖，學生時代便開始組織青年運動，一九八七年第一因提法達起義期間，開始展現組織長才，直至一九九二年，一直從安曼指揮因提法達運動。一九九三年返回西岸，一九九四年接下法塔組織祕書長一職，一九九五年當選巴勒斯坦立法會成員。二〇〇二年三月遭以色列逮捕，並於二〇〇四年判處五個終身監禁。

9 法塔組織：巴勒斯坦民族解放運動的簡稱，是巴解組織八個成員中勢力最大、影響最廣的一支。一九五四年由阿拉法特等人成立，立場中間偏左，屬於比較溫和務實的團體，相對於主張強硬手段的哈瑪斯。

但會突然停下來，專心看著對方，那模樣，好似他們正躲在什麼東西後面，仔細研判對方是否發現了自己的行蹤。不一會兒，他們又開始移動，尋找下一個藏身處。這是他倆發明的遊戲，玩過一遍又一遍，樂此不疲。

老三才四歲。臉上一塊紅一塊白，活像個小丑，他的確也像個小丑般站在一旁，一臉渴望地嘻笑著，不知道這遊戲何時結束。他長了水痘，知道自己不能靠近客人。

告別的時候，老姑媽握著我的手，我在她眼中看到那個特殊的表情，那個專注於當下此刻的表情。

當兩個人給一張桌子鋪桌巾時，他們會用眼神告訴對方，該怎麼調整桌巾的位置。想像一下，這個世界是那張桌子，那條桌巾則是我們應該拯救的生命。就是那樣的表情。

一只銅製小盅稱為「恐懼之杯」（Fear Cup）。杯面鏤刻繁複的幾何圖案以及排成花形的古蘭經文。將清水注入杯中，於星空下擺放一夜。祈禱時喝下它，可以減緩痛苦，療癒身心。對治療許多疾病而言，「恐懼之杯」顯然不及一帖抗生素有效。然而，一杯反射了星辰時光的清水，一杯孕育萬物生命的清水，根據古蘭經的說法，將有助於抵抗壓迫……

離開拉姆安拉兩星期後，我在法國西北端的芬尼斯特（Finistere）眺望大海。天壤之別的氣候與植被。唯一相同的，是大量的樹莓懸鉤子（toot il alliq）。崎嶇彎折的芬尼斯特海岸覆滿了綠色羊齒蕨。每半小時改變一次顏色的海水，將岸礁擊碎成無數小島。從英國康瓦爾（Cornwall）到西班牙加利西亞的歐洲西岸，人稱「天涯海角」（Land's End）。這裡的陸地消失在蔓生的羊齒蕨中，小島有如一顆顆鵝卵石突立。

我來這裡參觀世界上最古老的人造紀念碑，建造時間比最悠久的金字塔還早上一千年。它們也是墓葬紀念碑。伊克巴，我看到的是一堆石頭。旅遊指南把它稱為圓錐形石壘（cairn）。

然而，它不只是石壘；而是能言善道的雕刻。就好像每隔四十公分寫下一個字。整座紀念碑超過七十公尺長，大約二十五公尺寬，八到十公尺高，每個方向的每塊石頭一枚挨著一枚，緊密排列，宛如一個個手寫字。

想像一艘船的甲板。她朝著西北方向駛離莫雷灣（Bay of Morlaix）[10]，稍後，她將朝西旋轉，航向美洲。這艘船有著荷馬風格的船首（根據當地傳說，奧迪修斯在前往愛爾蘭的寇克〔Cork〕途中，曾經經過這片海岸），這艘船是石造的，它理所當然地嫁給了大地！

根據放射碳年代測定法，這艘船至少建於六千年前，分成兩次建造。第一次是船尾部分，用的是淺綠色的變質粗晶玄武岩，像是海岸羊齒蕨下方到處可見的酸土。約莫一兩百年後，加上了船首，大多是用燕麥色的花崗岩，來自莫雷灣的史特黑小島（Ile de Sterec）。

其實還有第三次興建工程，很可能是第二艘死亡之船，但在一九五〇年代被破壞殆盡，當時，長期掩埋在土壤密叢之下的遺址，整個被開發成採石場，所有石頭都拿去輾成砂礫。

考古學家推測，分成兩次建造的船體，每個部分都是在幾個月內建造完成。從建造所需的勞力估算，當時應該是由好幾百人所組成的整個社群一起工作。

大多數石塊的大小和重量，約莫是一名壯漢兩手可以搬運的程度。也有一些拳頭大小的石頭，用來填補大石塊無法完美密接的畸零空間。

船的甲板非常平滑，沒有高低起伏。有些巨石比人還高，用作通道入口的門楣，有時也做為拱形房間的屋頂板。下層甲板有二十二條乾砌通道，從左舷貫穿右舷，通往十一間拱頂客艙，那裡是放置死者的所在。

我踏上這樣一條通道，它像個句子般通往中心，在那，是半毀的聖殿，我凝視著那些托伸而出的石頭。它們和這片海灘上的無數石頭一模一樣，例外的是，在這裡，由於它們的排列方式，它們說話，而且雄辯滔滔。

混亂或許有其原因，但混亂無法言語。語言與溝通，源自於人類的安排與安置的能力。「place」這個字，既是動詞，也是名詞。那是一種安排的能力，是認識某個場所並為其命名的能力。究其源頭，這兩種能力與人類尊敬死者、保衛死者的需求是不可或分隔的，不是嗎？

一個奇怪的類比在我腦中浮現。或許，當初促使數百人花上幾個月的時間團結合作共同打造這艘石船的原因，和巴勒斯坦小孩朝占領軍的坦克扔擲石頭的原因，其實相去不遠。

10 莫雷灣：位於法國芬尼斯特海岸西北角，英吉利海峽法國部分的西端。

十

我們腦中的合唱團

（又名：帕索里尼）

他剎除掉所有的偽善、半真半假，以及貪婪權勢的假面，因為它們只會滋養無知，而無知是一種無視於現實的盲目形式。也因為它們鄙視記憶，包括語言本身的記憶，而記憶卻是我們的最大遺產。

二〇〇六年六月

After 'Guernica' (1937) — Beirut, Cana, Tyr (2006)

如果我說他像個天使，我無法想像比這更愚蠢的說法。圖拉（Cosimo Tura）[1]畫的天使？不。不過他說話的模樣倒是很像圖拉畫的聖喬治！他憎惡正經八百的聖者和喜樂賜福的天使。那麼，為什麼說他像天使呢？因為他習以為常且無邊無際的憂傷讓他可以分享戲謔，看著他痛苦的臉龐可以散布歡笑，精確猜出最需要它的人是誰。他的撫觸愈是溫柔親密，就愈顯得澄澈透明！他可以輕柔地在人們耳邊訴說即將發生在他們身上的慘絕事件，而他們總也能因此以某種方式減少一些痛苦，「……因為我們的絕望總帶有些許希望。」皮耶・帕羅・帕索里尼（Pier Paolo Pasoini, 1922-1975）

我想，他對自己的很多事情充滿懷疑，但絕對不包括他預知世事的天賦，也許，這會是他很想懷疑的一種能力。然而，正因為他是個先知，才能對我們今日的生活提供援助。我剛看完他一九六三年的一部電影。令人驚訝的是，這部片子居然從未公開上映。它就像是裝在瓶子裡的警世格言，在四十年後被沖上海灘，來到我們面前。

在那個古早的年代，人們不是從電視新聞，而是從電影院的新聞影片裡，了解世界大事。一九六二年，義大利的新聞影片製作人費蘭提（G. Ferranti）提出了一個絕妙構想。他打算讓當時早已聲名狼藉的帕索里尼，自由取用他一九四五至一九六二年的所有新聞檔案，來回答以下這個問題：為何世界各地的人們都害怕戰爭？他可以選用任何素材進行編輯，同時要為長達一小時的影片撰寫旁白。費蘭提希望這部影片可以大大提升該公司的聲望。這問題在當時很「熱門」，因為人們確實對另一場世界大戰普遍心懷恐懼。一九六二年十月，古巴、美國和蘇聯之間才剛爆發過一場核子彈頭危機。

當時，帕索里尼已經拍過《乞丐》（*Accatonne*）、《羅馬媽媽》（*Mamma Roma*）和《軟乳酪》（*La Ricotta*），他基於自己的理由接下這項計畫，因為他深愛「歷史」，也正在與「歷史」作戰。他把片子拍完，取名為《憤怒》（*La Rabia*）。

1 圖拉（一四三〇—一四九五）：義大利宮廷畫師，費拉拉畫派的創始者。作品特色為線條規矩、緊張有力、色彩明亮。

當那些製片們看到成品時，一股寒意打腳底直竄，他們嚇壞了，堅持立即開拍第二部分，由聲名狼藉的右翼記者郭雷斯基（Giovanni Guareschi）執導，並打算把這兩支片子剪輯成一部。最後的結果是，一部都沒上映。

在我看來，《憤怒》這部片子的靈感驅力並非來自憤怒，而是一種狂烈的磨難之感。帕索里尼以其堅定而清澈的目光，毫不退縮地注視著這世上正在發生的一切。（林布蘭的天使們，也有著同樣的凝視。）他之所以這麼做，是因為現實乃我們必須熱愛的唯一對象。除此之外，別無其他。

他剝除掉所有的偽善、半真半假，以及貪婪權勢的假面，因為它們只會滋養無知，而無知是一種無視於現實的盲目形式。也因為它們鄙視記憶，包括語言本身的記憶，而記憶卻是我們的最大遺產。

然而，他所鍾愛的現實，卻得不到人們的背書，因為在那個時代，它代表了一種過於深刻的歷史絕望。它背叛了一九四五年法西斯失敗後，熱烈綻放的古老希望。

蘇聯侵入匈牙利。法國對阿爾及利亞展開卑劣可恥的戰爭。非洲前殖民地的獨立前景，是一場恐怖駭人的死亡之舞。美國中情局的傀儡清算了剛果總理盧蒙巴（Lumumba）。新資本主義正計畫接掌全球。

然而，儘管現實如此醜惡，但它遺留下來的東西，還是珍貴到讓人不忍放棄，也頑強到讓人無法放棄。或者，換個說法，無所不在的現實要求，雖然沒說出口，卻讓人無法忽視。那要求像披肩一樣裹在身上；那要求顯現在年輕男子的臉龐；瀰漫在充滿人群的街頭，渴求不公不義能減少一些；充斥在他們期盼的笑聲與魯莽戲謔當中。他對苦難的狂怒，就是來自這裡。

對於費蘭提所提出的那個問題，帕索里尼的答案很簡單：階級衝突導致戰爭。

影片結尾，是主角加加林（Gagarin）的想像獨白，那時，他已經從外太空看過這座星球，從那個距離看起來，這星球上的所有人，都是兄弟姊妹，他們應該徹底拋棄這座星球的血腥屠殺。

然而，基本上，這部片子所談論的一些經驗，都跟那項提問或答案無關。它是關於無家可歸者的冬天有多酷寒；關於革命英雄的回憶能提供多大的溫暖；關於自由與仇恨有多不相容；關於教宗若望二十三世的農民智慧，他的眼睛笑起來像隻動作遲緩的烏龜；關於史達林的罪咎就是我們的罪咎；關於邪惡的思想誘惑凌駕於所有掙扎；關於瑪麗蓮夢露之死，以及美如何從過去的愚蠢與未來的荒涼之中碩果僅存；關於對富有階級而言，「自然」就等同於「財富」；關於我們的母親以及她們世代相傳的眼淚；關於孩子的孩子的孩子；關於即使是一場高尚勝利之後的不公不義；關於蘇菲亞・羅蘭盯著一雙正在剖殺鰻魚的漁人之手，而眼中毫無懼色……

這部黑白影片的旁白評論出自兩位匿名者之口；事實上，那是帕索里尼的兩位朋友：畫家古圖索（Renato Guttuso）和作家巴薩尼（Giorgio Bassani）。其中一人的聲音像個焦急的評論者，另一位則是某種半歷史學家半詩人的聲音，預言家的聲音。片中報導的重大新聞包括：一九五六年的匈牙利革命、艾森豪競選總統連任、伊麗莎白女皇登基大典，以及卡斯楚在古巴贏得勝利。

第一個聲音告知我們，第二個聲音提醒我們。告知些什麼？又提醒些什麼呢？不是我們已然忘卻的事情（這比較討喜），而是我們往往打從孩提時代就選擇遺忘的事情。打從孩提時代，帕索里尼就沒忘記任何事情——因此，他在痛苦與快樂的事情裡追尋永續不絕的共存。他讓我們為自己的遺忘感到羞恥。

那兩個聲音就像是古希臘的合唱團。他們沒辦法影響正在展演的內容。他們不做詮釋。他們質疑、聆聽、觀察，然後，為那些多少帶點瘖啞結巴的觀看者，說出心中的感受。

他們確實說中了，因為他們知道，那段長久以來的共同經驗，正是演員、合唱團和觀看者共同分享的語言。這語言和我們的反應串通一氣。你騙不了它。發出這些聲音，不是為了論辯說理，而是面對如此漫長的人類經驗和痛苦，如果他們不把該說的感受訴說出來，將是一件羞愧的事。倘若真是沉默不語，那麼身而為人的能力，也將逐漸消失。

古希臘的合唱團是由全為男性的公民組成，而非演員，一年遴選一次，由合唱團長負責。他們來自市集，代表城邦。然而，身為合唱團員，他們必須為好幾代人發聲。當他們訴說的內容是公眾都已知曉之事，此時，他們是老祖父。倘若他們訴說的心聲是公眾若有所感但還無法清楚陳述的，他們則是尚未誕生之人。

所有這一切，都由帕索里尼和他的兩個配音員一手包辦，他行走在最後一位農民即將消失的古老世界與殘忍算計的未來世界之間，並為此激憤惱怒。

這部影片屢屢提醒我們，理性解釋有其限制，而樂觀主義和悲觀主義這樣的辭彙，往往是粗鄙的。

影片宣稱，歐洲和美國最聰明的一些人士，正在想盡辦法用各種理論解釋，古巴那些和卡斯楚一起奮戰而死的人，究竟意謂著什麼？然而，不論是在古巴，在拿坡里或塞維亞，死亡的真正意義，只能在歌聲或眼淚中，用憐憫訴說。

在影片的另一處，他激昂地指出，我們所有人所夢想的公平正義，是我們祖先曾經擁有的那種公平正義！然後，他補上一句：唯有革命可以拯救過去。

《憤怒》是一部愛的電影。然而它的清澈明晰，足以與卡夫卡的格言警語媲美：「在某種意義上，至善一點也不令人覺得舒服。」

正因如此，我說帕索里尼像個天使。

這部片子只有一小時，四十年前創作、規畫、剪接出來的一小時。它和今日我們看到的新聞評論以及餵養給我們的新聞資訊截然不同，在那一小時結束之後，你告訴自己，今日飽受摧殘或已經絕種的，不只是動物和植物，還包括對人類而言最重要的一套又一套價值體系。有系統噴灑在後者之上的，不是殺蟲劑，而是道德撲殺劑（ethicides）——用來殺消除道德以及所有歷史與正義觀念的藥劑。

這款藥劑的撲殺對象，是我們最重要的一些東西，是從人類渴求分享、遺贈、撫慰、悲悼和希望衍生而來的一些需求。如今，這款道德撲殺劑正由大眾新聞媒體日夜不停的噴灑。

這款藥劑或許不如控制者所預期的那般有效，那般快速，但它已成功覆蓋掉公共論壇所代表和所需要的想像空間。（我們的論壇四處可見，但皆微不足道。）而就在已遭掩埋的論壇荒地之上（令人聯想到帕索里尼被法西斯分子暗殺的荒地），帕索里尼帶著他的「憤怒」加入我們，還有他那永恆不衰的示範——如何維繫我們腦中的合唱團。

十一
冷酷大師？

我們每個人心中也有一道牆。無論我們身處何方，我們都能在內心裡抉擇要和牆的哪一邊同調。那不是一道善惡之牆。兩邊皆有善有惡。那是自我尊重和自我渾沌的抉擇。

二〇〇四年五月

After 'Guernica' (1937) — Beirut, Cana, Tyr (2006)

看了巴黎麥約博物館（Maillol Museum）的培根（Francis Bacon）[1]特展。讀了桑塔格的《旁觀他人之痛苦》（*Regarding the Pain of Others*）。展覽簡潔扼要，含括培根漫長一生的代表作品。書則深入尖銳，是關於戰爭、殘肢以及戰爭照片的沉思。我隱約覺得，這本書和這場特展有些彼此指涉的地方。但我還說不清其中關聯。

身為肖像畫家，培根有著福拉哥納德（Jean Honore Frangonard）[2]的狡獪。（這樣的比較可能會逗得他哈哈大笑，這兩位都是登峰造極的感官畫家，一位是歡樂之王，一位是痛苦大師。）培根的狡獪至少讓整整兩代的畫家深感迷惑，也備受挑戰，這倒是不難理解。倘若五十年前我曾批評過培根的作品，肯定是因為那時的我確信，他作畫是為了驚世駭俗，為了讓自己也讓別人感到震驚。而我認為，這樣的動機，已隨著時間流逝逐漸淡弱。上週，當我在格黑內勒街（Rue de Grenelle）上的這些畫作前面來回走動時，我察覺到某種先前我沒看懂的東西，突然之間，我對這位長久以來飽受我質疑的畫家，充滿了感激。

打從一九三〇年代末起，一直到一九九二年去世為止，培根所看到的，是一個冷酷無情的世界。他一再描繪人體或人體的某些部位，但全是令人不舒服的，或殘缺匱乏的，或極度痛苦的身體。有時，那痛苦像是由外力強加所致，但更常見的情形是，那痛苦乃源自內在，源自身體內的五臟六腑，源自身而為人的不幸。培根刻意運用他的名字來創造迷思，而且玩弄得非常成功。他宣稱，做為十六世紀英國經驗主義哲學家培根的同名後裔，描繪人體自然應該像描繪煙燻培根肉那般寫實。

然而，這不是他筆下的世界比先前其他畫家更冷酷無情的原因所在。歐洲藝術裡充斥著暗殺、死刑、處決和烈士。在哥雅（Goya）的作品裡，他是第一位二十世紀藝術家（沒錯，二十世紀），你可以聽到藝術家本人的義憤之聲。培根視界的不同之處在於，其中沒有見證，也沒有悲痛。他筆下的人物，沒有一個在乎其他畫中人物發生了什麼事。這種無所不在的漠然，比任何斷肢殘臂更顯冷酷。

除此之外，培根畫中人物所在的場景，都有一股無聲的瘖啞。這瘖啞像是冰箱裡的寒氣，可以讓放在裡面的東西保持不變。培根的劇場不同於亞陶（Anto-

1 培根（一九〇九—一九九二）：愛爾蘭出生的英國人物畫家，以描繪駭人扭曲到近乎暴力的肉體聞名。

2 福拉哥納德（一七三二—一八〇六）：法國洛可可派畫家，以肖像畫和風俗畫聞名。

nin Artaud）[3]，前者和儀式毫無關聯，因為人物周遭的空間完全不打算接收人物的動作姿態。其中所上演的每一樁不幸，都只是附屬的意外。

在他有生之年，有個非常邊緣的波希米亞圈子所製作的通俗劇中，總是懷抱著這樣的視界，並為之糾纏，那個圈子裡的人，誰也不會對世界其他地方正在上演的事情感到驚訝。然而啊然而，培根施咒召喚並試圖為之驅魔的那個冷酷世界，竟成了某種預言。某位藝術家的人生劇碼，竟然在不到半個世紀的時間裡，反映了整體文明所面臨的危機。他究竟是怎麼做到的？真是不可思議！

這世界不總是冷酷無情的嗎？但今日的冷酷或許是最頑強、最瀰漫、也最持續。它既不赦免這個星球，也不放過居住在其上的所有生命。它很精粹，因為它完全提煉自追求利潤的單一邏輯（如冷凍庫一般冰寒），它威脅要淘汰其他所有信仰，以及懷抱尊嚴和一絲希望來面對殘酷人生的傳統。

讓我們回到培根以及他的作品所透露的訊息。他著魔似地使用某些早期畫家的繪畫語言和主題，例如委拉斯蓋茲（Velázquez）、米開朗基羅、安格爾（Ingres）或梵谷。這種「連貫性」，讓他預見的敗壞顯得更加徹底。

文藝復興的理想化裸體，教會的救贖承諾，古典主義的英雄觀念，或是梵谷熾烈狂熱的十九世紀民主信念，在他預見的世界裡全被撕成了碎片，毫無能力招架駭人的冷酷。培根把這些碎布收拾起來當成紗布，用來包紮傷口。這是我先前未曾領會到的。這就是他的啟示。

這啟示堅定了以下洞見：今日，繼續投注於傳統語彙，一如強權貴冑和他們的媒體之所為，只會強化周遭的陰鬱與毀敗。這意謂的不必然是沉默。這意謂的是，選擇你想要添加進去的聲音。

此刻這個歷史時期，是「圍牆」的時代。當柏林圍牆倒下之際，也正是準備在世界各地興建圍牆正式展開之時。水泥之牆、官僚之牆、監視之牆、安全之牆、種族之牆。世界各地的圍牆，將絕望的窮人隔絕於維繫擁有財富的最後一絲希望。圍牆貫穿了各個領域，從穀物耕作到醫療保健。圍牆也矗立於世界最富裕的大都會中。「圍牆」是很久以前人們稱之為「階級戰爭」的前線。

牆的一邊：應有盡有的軍備，沒有人員傷亡的戰爭美夢、媒體、富足、衛

3 亞陶（一八九六—一九四八）：法國劇作家、劇場理論家、詩人、演員和導演，其「殘酷劇場」理論對二十世紀的前衛派劇場影響非常深遠。

生、琳瑯滿目的魅力通關密語。牆的另一邊：石頭、物資短缺、世仇、武力報復、疾病叢生，以及視死如歸和多活一天是一天（或多活一週是一週）的心態同時並存。

對今日這個世界而言，抉擇的意義就在這裡，在牆的兩邊。我們每個人心中也有一道牆。無論我們身處何方，我們都能在內心裡抉擇要和牆的哪一邊同調。那不是一道善惡之牆。兩邊皆有善有惡。那是自我尊重和自我渾沌的抉擇。

強權貴冑的一邊，是對恐懼的盲從因襲（他們從未忘記「圍牆」），以及不再有任何意義的滔滔話語。這正是培根筆下的沉默無聲。

牆的另一邊，是擁擠繁雜，差異不同，三不五時的失蹤，以及能為生命賦予意義的語言辭彙，即便是悲劇的意義，尤其是悲劇的意義。

當我的話語是麥粒
我是土地
當我的話語是憤怒
我是暴風

當我的話語是岩石
我是河流
當我的話語釀成蜜
蠅蝶覆滿我的唇。[4]

——達維希

培根大膽描繪了那種沉默無聲，他以這樣的方式靠近了另一邊的人，不是嗎？對那些人而言，牆是一道道必須繞過的障礙。那也可以是……

4 "Words." Published in *SAND* and *Other Poems*, 1986.

十二

牆外餘生十帖

一生哀戚的生命不時有絕望闖入。絕望的情緒尾隨背叛而來。最後的一絲希望（那離承諾還很遠）崩潰了，或被擊碎了；絕望填滿了一度由希望占據的靈魂。絕望無關乎虛無主義。

二〇〇四年十月

After 'Guernica' (1937) — Beirut, Cana, Tyr (2006)

一

夜風吹
計畫飛。

（中國古諺）

二

窮人無住所。他們有家，因為他們記得撫育自己長大的母親或祖父或姑媽阿姨。但住所是堡壘，而非故事；它讓荒野狂暴不敢迫近。住所需要牆。幾乎每個窮人都夢想著一間小住所，一如他們夢想著其他事物。不論多麼擁擠，窮人生活在空地上，他們臨時湊合在那裡，那不是住所，而是他們安置自身的所在。這些所在和占居其上的人們同樣是主角；這些所在有它們自己的生活要過，它們和住所不同，它們不服侍其他人。窮人和風一起生活，和濕氣、飛塵、寂靜、無可忍受的嘈雜（有時寂靜與嘈雜同時存在；是的，那是有可能的），和螞蟻，和大型動物，和來自土地的氣味、老鼠、煙、雨、他處傳來的震動、謠言、日暮，以及彼此。在居民與這些存在之間，沒有清楚的界線。無可逃避的狼狽，它們一同打造了所在地的生命。

「薄暮降臨；天空包裹著冰冷灰霧閉闔於黑暗之中；已然死去準備過冬的殘株禿枒上，沙沙作響了一整個白日的風，此刻歇止在寂靜的大地之穴……」[1]

集體存在的窮人是無可捉捕的。他們不僅是這座星球上的多數族群，他們還無所不在，只有最微不足道的事件提及他們。正因如此，今日富人最重要的工作，就是興建圍牆——水泥圍牆、電子監視圍牆、飛彈密射圍牆、地雷圍牆、邊界控制圍牆，以及不透明的媒體螢幕圍牆。

三

窮人一生哀愁，偶有靈光閃現的啟明時刻。每個生命閃現的啟明靈光各有其特性，無一相同。（因襲盲從是富裕之人所培養的習慣。）這類啟明時刻是由溫柔與愛點燃——亦即當下此刻被賞識、被需要、被擁抱的慰藉之感！或是由直覺所啟發，「天生我才必有所用」的直覺。

---

1 Andrei Platonov, *Soul*. Trans. Robert and Elizabeth Chandler and Olga Meerson. Harvill, 2003.

「納薩，跟我說點什麼——說點比任何事更重要的東西。」

愛荻捻熄燈蕊，想省下煤油。她懂這句話，因為生命裡確實有某樣東西重於一切，有了它，我們才會珍惜生命中的所有美善。

「我不知道什麼東西真正重要，愛荻，」夏加塔耶夫說：「我沒想過這問題，我沒時間。不過，既然我們都來到這世上，那麼，我們身上必定有些什麼重要的東西吧。」

愛荻點點頭：「真正重要的只有一點點……無關緊要的倒是一堆。」

愛荻準備晚餐。她從袋子裡取出一片麵包，塗上羊脂之後，分成兩半。大的那塊拿給夏加塔耶夫，小的留給自己。幽微的燈光下，他倆無聲地嚼著食物。烏斯特于爾特（Ust-Yurt）沙漠，沉浸在寂靜、無常的黑暗之中。[2]

四

一生哀戚的生命不時有絕望闖入。絕望的情緒尾隨背叛而來。最後的一絲希望（那離承諾還很遠）崩潰了，或被擊碎了；絕望填滿了一度由希望占據的靈魂。絕望無關乎虛無主義。

虛無主義的當代版意義是：把追求利益視為所有社會活動的最終目標，拒絕相信其他用來判斷優先順序的標準；說得更明確一點就是：每樣東西都有其價格。虛無主義是對「價格至上論」的屈從。這是當前最流行的怯弱款式。但不是窮人經常屈服的那種怯弱。

「看著自己的血肉之軀，他不禁悲從中來；這是他母親從瘦弱的肌骨中孕育出來的——不是基於熾烈愛情，也非為了歡愉喜悅，而是出自再平凡不過的日常需求。他覺得自己是別人的，彷彿他是那些一無所有之人的最後財產，是用來讓人無端踐踏的，想到這裡，他頓時怒火狂燒，激憤難平。」[3]

（以上引文出自俄國偉大作家普拉托諾夫（Adrei Platonov, 1899-1951）的短篇故事，錢德勒（Robert Chandler）翻譯。普拉托諾夫描寫蘇聯內戰期間以及一九三〇年代蘇維埃農業集體化所造成的貧窮現象。不同於先前作家的是，普拉托

2 Ibid.

3 Ibid.

諾夫的貧窮哀愁當中，仍帶有些許希望。他們筋疲力竭地倒臥在地，他們奮力爬起，他們蹣跚而行，他們在碎落一地的背叛承諾和虛言假語中前進。普拉托諾夫經常使用「窮人靈魂」（dushevny bednyak）一辭。它指的是那些一切都被奪走的人，他們的空虛無邊無際，在這無邊的空虛當中，只有他們的靈魂還留著——也就是他們感受痛苦的能力。他的故事不在增添生活的哀戚，而在挽救些什麼。他在一九二〇年代初寫道：「從我們的醜惡裡，將誕生這世界的心靈。」

今日的世界，正遭逢另一種現代版的貧窮。無須引用數據；大家早已知曉，一再引用它們，只會豎起另一道統計之牆。這世界有超過半數以上的人口，過著一天不到兩美元可用的日子。在地文化，以及他們用來醫治人生苦惱（肉體與精神兩方面）的偏方，正飽受有系統的摧殘與攻擊。新科技與新通訊、自由市場經濟、大量生產，以及議會民主，全都背棄了他們對窮人的承諾，只是不斷提供廉價商品，並從窮人的消費中榨取利益。

普拉托諾夫比我所知的任何一位說故事者，更了解這種現代貧窮。」

五

給窮人說故事的祕訣是：確信說故事的目的是為了把故事傳送到其他地方，或許就在某個地方，有某個人或某一地區的人，比說故事的人或故事的主角更懂得生命意謂著什麼。有權有勢之人無法說故事：吹噓誇耀與故事背道而馳，而所有的故事，不論多溫和，都必須無所畏懼，但今日的有權有勢者，卻是過著提心吊膽的生活。

故事把生命交付給另一個更遙遠也更終極的裁判去審判。這裁判可能在未來，也可能在人們依然留意的過去，或越過山頭的某個地方，因為運氣過了山頭就變了（窮人經常把一切歸咎於運氣差或運氣好），否極總會泰來。

故事裡的時間（故事的內在時間）並非直線前進。生者和死者，在故事的時間裡，以聆聽者和裁判的身分彼此相遇。聽的人愈多，這故事對每位聽者就顯得愈**親密**。故事是一種分享，分享正義即將到來的信念。這樣的信念會激使男女老幼在某一時刻以無比驚人的勇氣憤而起義。這正是暴君之所以害怕說故事的原因：所有的故事總歸會指向暴政必亡。

「無論他去到哪裡，只要他答應說個故事，人們就會讓他進去過夜：說故事的陌生人勝過沙皇。只有一件事：倘若他在晚餐之前開始說故事，沒人會感覺飢餓，他也不會吃任何東西。所以老士兵總會要求先喝一碗湯。」4

六

人生最殘酷的事莫過於死於不義。信誓旦旦的承諾幾乎全遭毀棄。窮人並非聽天由命或逆來順受地接受痛苦災厄。他們在接受的同時，卻也凝視著災厄後方，並在那兒發現某種無以名之的東西。那不是承諾，因為所有的承諾幾乎全遭毀棄；那像是殘酷不仁的歷史之流裡的一只托架，一雙括弧。這些括弧的總和，就是永恆。

這句話也可以反過來說：少了對正義的期待，人世將無幸福可言。

幸福無法刻意追求，幸福是某種巧遇，是一種相會。然而，大多數巧遇都有續集，那是它們的承諾與期待。但與幸福的巧遇沒有後續。突然間一切都在那兒。幸福是穿透哀愁的一瞬光亮。

「我們認為，這世界什麼也不剩，一切早就消失無蹤。但倘若我們是唯一的倖存者，那活著又有什麼意義？」

「我們去找找，」阿拉赫說。「看看哪裡還有人？我們想知道答案。」

「夏加塔耶夫了解他們，他問，這是不是意謂著，他們現在相信生命可貴，不會再尋死。

「『死亡無濟於事，』契可佐夫說。一死了之——眼下，你可能會覺得，人難免一死，那肯定有點用處。但是一死了之並無法幫助你了解自身的幸福——而人沒有機會死第二次。所以，死亡也無法帶你去任何地方。」[5]

七

「當富人喝茶吃羊肉時，窮人等待著回暖，等待著植物成長。」[6]

季節交替，如同日夜輪轉、晴雨變化，都是生之必然。時間之流洶湧狂暴。洶湧狂暴的流逝令生命短促——這既是事實，也是主觀感受。人生有限。無物常

---

4 *The Portable Platonov*. Trans. Robert and Elizabeth Chandler. Glas Publishers, 1999.

5 *Soul*. Op. cit.

6 *Soul*. Op. cit.

存。這是禱詞，也是哀歌。

「母親想到她將一死，想到她的子女將為她嚎啕痛哭，就不禁悲從中來；如果可以，她真想長命不死，這樣，就沒人會因為她而受苦，沒人會因為她而毀傷她辛苦懷胎的心肝骨肉……但她終究無法苟延多時。」[7]

當生命再無殘屑可以護衛之時，死亡隨即降臨。

八

「……彷彿她獨自在這世上，遠離幸福與哀傷，她想跳舞，現在，想聽音樂，想握住其他人的手……」[8]

窮人習慣彼此緊挨的擁擠生活，這創造出一種獨特的空間感；空間對他們而言，不是一種空蕩，而是一種交流。當人們頭挨著頭、腳靠著腳地生活在一起時，任何人的一舉一動都會影響到其他人。身體立刻會有所感應。這是每個小孩都知道的事。

那是一種永無止境的空間協商，或體貼或殘酷，或懷柔或支配，或無心或算計，唯一可確定的是，大家都知道協商不是抽象空談，而是具體的退讓調和。這從他們複雜萬端的肢體語言和動作就可看出一斑。在牆外，合作與打架一樣自然；欺詐是常態，但陰謀則很罕見，因為陰謀必須保持距離才能成功。

「私己」（private）一詞，在牆的兩邊有著截然不同的意義。在牆內，它意指財產；在牆外，它指的是知道某人需要暫時離開一下，好比一個人獨處。

窮人的選擇空間也是有限的。窮人和富人一樣，經常得做選擇，或許比富人更必須做出選擇，因為每項選擇對他們而言，都是更嚴苛的。如今，沒有色票可提供一百七十種不同的色彩濃淡讓你選。如今的選擇沒有餘地——非此即彼。今日的選擇往往是粗暴的，因為每一次的選擇總伴隨著另一方的反抗。每一次的選擇都像是一場犧牲。而所有選擇的總合，就是一個人的命運。

九

沒發展（做為專有名詞的「發展」，在牆的另一邊是一種信條），沒保證。

---

7 Platonov, *The Fierce and Beautiful World*. Trans. Joseph Barnes. New York Review Books, 2000.

8 Ibid.

既無樂觀前景，也無安全未來。未來不被期待。但這裡有代代相傳的延續。所以人們尊敬長者，因為長者是世代相傳的明證——甚至是很久很久以前，未來曾經存在過的明證。孩童就是未來。孩童的未來是永無止境的奮戰，渴盼能溫飽度日，渴盼哪天能有機會接受父母不敢夢想的教育。

「說完話後，他們緊緊擁抱。他們想抓住眼前的幸福，就是現在，而不要寄望未來，不要辛勤工作才能得到的個人幸福或全體幸福。心一刻也不能等，心厭煩了，再不相信任何事。」9

在這裡，欲望是未來獨一無二的餽贈。未來引誘汩汩泉湧的欲望朝自身奔流。這裡的青春比牆的另一邊更恣肆，更公然。這餽贈有如自然本能般迫不及待地顯現為一種至高無上的保證。宗教與社群的律法依然適用。事實上，在這渾沌世局，律法甚至比現實更明確，律法就是現實。然而，這寂靜的繁衍欲望卻也無可置疑、無法匹敵。這繁衍的欲望激發他們努力讓子女得以溫飽，並期待子女有朝一日（最好能早日），再次尋求這繁衍的慰藉。這就是未來的餽贈。

十

對那些尚未提出的問題，這一大群人已經有了答案，而他們肯定會活得比牆長壽。

尚未發問，是因為發問需要聽似真實的話語和概念，而目前用來為事件命名的話語和概念，都已變得毫無意義：諸如「民主」、「自由」、「生產效率」等等。

一旦新概念出現，問題很快就會提出，因為歷史正是這樣一種提問的過程。多快？不超過一個世代的時間。

與此同時，豐富的答案就蓄積在窮人大軍五花八門的求生技能當中；蓄積在他們對邊界的拒抗，他們在牆上找洞的本事，他們對子女的傾慕，他們在必要時視死如歸的精神，他們對傳承的信仰，以及他們一次又一次地確信：生命的餽贈極其稀少但卻無價。

今晚睡前，請用手指輕觸她（或他）的髮線。

9 Ibid.

十三

血肉與言說

所有無宗無派之人，都寧可放棄天堂，選擇在這塊土地上，一起生活。

二〇〇五年七月

After 'Guernica' (1937) — Beirut, Cana, Tyr (2006)

「所有人都嚇呆了。我們可以看到一閃一閃的火光，心想這裡就要著火了。我們打不開第一節車廂的門；等我們終於逃出去，我們在隧道裡看到許多傷得很重的人。」這番話出自羅麗塔・渥雷（Loyita Worley）之口，她是七月七日星期二上午快九點時，搭乘環狀線地鐵前往阿爾德門（Aldgate）的乘客之一[1]。

地鐵裡的人雖有障蔽卻又無助。隧道是逃亡之路也是恐怖陷阱。一旦隧道封死，煙塵將令人窒息。

為了打擊一早搭乘交通工具趕忙上班的人群，他們以可恥的鬼祟方法攻擊毫無防備之人。受害者所承受的痛苦遠甚於自殺炸彈客，而且會持續很久很久。他們絕對有資格要求正義。

然而其他人，那些急忙搶著（從鷹谷〔Gleneagles〕[2]到倫敦）為這些人發言的政客，則只是著眼於自己的利益，他們做出惡劣粗鄙的簡化，使用刻意誤導的字眼，企圖為自己過去的作為找到正當合理的藉口，完全無視於這些錯誤造成了多麼可怕的災難。

即便連那些他們理應去安撫平息的無辜受難者的苦痛，也無法讓他們收手，無法讓他們有一刻躊躇。

「我一直閉著眼睛想著外頭。我們很害怕，因為所有的燈光都滅了，我們聽不到司機有任何動靜，我們想知道他到底怎麼了。」（費歐娜・楚曼，在皮卡第線上）

遭逢這起爆炸惡行的倫敦人，雙唇緊閉地忍受著等待親人消息的無盡折磨（那沉默如利刃插在兩瓣心房之間），他們的冷靜沉著，讓舉世關注的人們印象深刻，一如去年馬德里市民的冷靜表現[3]。這樣的冷靜有助於釐清思緒，更重要的是，做出正確的判斷。西班牙的環境允許他們這麼做，而剛剛選出的西班牙新政府所做的第一項決策，就是下令西班牙軍隊退出伊拉克戰爭，一場絕大多數西班

---

1 這裡指的是二〇〇五年七月七日早上尖峰時間發生在倫敦大眾交通系統上的連續爆炸事件，自殺炸彈客總計在倫敦地鐵和巴士上引爆了四枚炸彈，造成五十二名乘客和四名自殺客死亡，以及七百多人受傷，是倫敦歷史上最嚴重且死亡人數最多的一次恐怖攻擊事件。

2 鷹谷：蘇格蘭城鎮，二〇〇五年七月，八大工業國領袖在此召開高峰會議，紛紛對這起攻擊事件發表言論。

3 這裡指的是二〇〇四年三月十一日發生於西班牙首都馬德里的火車爆炸恐怖事件，造成一百多人死亡。這起事件也讓不顧民意反對執意派兵伊拉克戰爭的執政民眾黨，在三天後的選舉中失去政權。新當選的執政黨上台後隨即宣布退出伊拉克戰爭。

牙人強烈反對的戰爭。

儘管事實證明，伊拉克戰爭除了給他們聲稱要解放的國家帶來混亂與毀滅之外，毫無任何建樹，然而在倫敦，這群以最謙遜方式通勤工作之人所承受的苦難，卻只是換來首相與政府更為強硬的態度，堅持把一個抗議聲浪不斷的國家拖進一場沒有必要的戰爭泥沼。

爆炸案當天上午，布萊爾（Blair）在唐寧街發表聲明：「恐怖分子試圖用殘殺無辜來威嚇我們，驚嚇我們，阻止我們去做想做的事，他們想中斷我們的職責……」

有些人指出，蓋達組織早在聯軍入侵伊拉克之前就非常活躍，因此倫敦爆炸案和攻打巴格達或法魯加（Fallujah）[4]無關，這是違心之論。同樣的違心之論讓他們謊稱，伊拉克擁有根本不存在的大規模毀滅性武器。沒錯，賓拉登的確是在伊拉克戰爭之前就計劃攻擊西方世界，但是這場戰爭，以及過往此刻發生在當地的種種，卻為蓋達組織提供了源源不絕的新血。據聞，英國軍情五處處長曼寧厄姆－布勒（Eliza Manningham-Buller）曾經警告其他八大工業國，要它們留意「伊拉克戰爭所導致的新一代狂熱分子」。而我們可以相信，她知道她在說什麼。

這起暴行刻意安排在二〇〇五年八大工業國高峰會期間，這次會議由英國首相擔任主席。這場會議並非另一則故事，而是同一則故事的另一面。它該研究的主題不是《古蘭經》，而是當今世上最富有的一些國家和企業的作為。那些企業正不斷發動「聖戰」，對抗所有反對它們擴張利益的團體。

伊拉克戰爭並未列入八大工業國的討論議程。各國一致同意，目前最刻不容緩的工作，是針對全球暖化和非洲貧困這兩大災難，達成某種行動共識。

會議召開之前，世界各地的經濟學家、搖滾歌手、生態學家、音樂家和宗教領袖等等，紛紛秉持良知提出呼籲，要求各大國團結一致，做出某些空前未有的新決定，以改善這個星球的未來發展。結果呢？當你像個拾荒者般仔仔細細把那些修辭翻撿過後，你發現：幾乎啥也沒有。有些飛來跳去的統計數字。但是就拾荒者的單一費率標準來看——啥也沒有。原因何在？

狂熱來自於任何形式的選擇性盲從，而盲從則是伴隨著追求某種單一信條而來。八大工業國所追求的單一信條是：人類必須以創造利潤做為最高指導原則，

4 法魯加：伊拉克城鎮，有「清真寺之城」的稱號，伊拉克戰爭美伊雙方的激烈戰場之一，美軍大舉包圍此城，並在該地使用化學武器。

在這項原則之前，與古老傳統和未來渴望有關的所有事務，都必須被當成一種錯覺，加以犧牲。

所謂的反恐戰爭，事實上是兩種狂熱主義之間的戰爭。

把這兩方劃為一類，相提並論，似乎太過離譜。其中一方是神學的，另一方則是世俗實證的。一方是處於守勢的少數人之狂熱信仰，另一方則是難以歸類的自信菁英之無疑假設。一方開始殺戮，另一方則劫掠、撒手、讓對手自生自滅。一方嚴苛，另一方散漫。一方不容許任何辯論，另一方酷愛「溝通」，並試圖把它「纏結」到這世界的每個角落。一方高喊他們有權讓無辜者流血，另一方宣稱他們有權販售全球的水源。拿這兩者相提並論，真是太可惡了！

然而真正可惡的，是發生在倫敦皮卡第線和環狀線地鐵以及三十號公車上的暴行，真正可惡的，是數以千計為了生存而努力工作，希望讓生命具有某些意義的脆弱人民，竟在這兩群狂熱分子的全球駁火之下，成為意外的犧牲者。

詩人濟慈（Keats）寫道：「狂熱者有其夢想，他們用夢想為某宗派織就了天堂。」然而，所有無宗無派之人，都寧可放棄天堂，選擇在這塊土地上，一起生活。

十四

關於脫節

生命正是在恐懼與信心相互妥協的漫長過程中，切實體察到生命的複雜多樣。我們正是從這裡學到我們所面對的東西。

二〇〇五年九月

After 'Guernica' (1937) — Beirut, Cana, Tyr (2006)

有時，一個切中當下的問題，會比答案或解釋更為有用。我不確定我將提出的問題是否屬於此類，因為那似乎有些天真。然而無論如何，我願與你們分享。

今年九月，紐奧良（New Orleans）經歷了一場可怕的天災，這場災禍的影響與苦痛，將會持續好幾個年頭。由於這場災難，美國和世界各地的人們，開始重新檢視布希、錢尼、倫斯斐、萊斯和羅夫（Rove）等人的政績，他們是當今第一世界的強權在位領導人。

民心的向背，幾乎就在一夜之間改變。歷史突然猛踩油門，把我們全都甩回座位。與此同時，紐奧良有兩萬人絕望無助地擱陷在巨蛋體育場裡。

卡崔娜（Katrina）——人人皆以她的名字稱呼那場颶風，彷彿她是某種下凡之神——掀開了美國內部的悲慘與貧窮，黑人得到的待遇宛如令人厭惡的次等公民，政府投資在公共機構的預算逐年削減，造成社會失衡和困乏的情況不斷蔓延（有四千萬美國人生活在毫無援助的環境之下，即便生病或受傷，也得不到任何醫療補助），而所謂的反恐戰爭則正在製造行政混亂。就在這種種令人悲痛的亂象當中，抗議的呼聲日益高漲、日漸響亮。

在卡崔娜之前，所有這一切，對於生活其中以及有心了解的人而言，再明顯也不過。卡崔娜帶來的改變是，媒體破天荒頭一遭出現在這裡，將當地發生的實況，以及承受這些情況之人的憤怒，傳播出去。卡崔娜以她可怕的姿態，將蒙塵已久的螢幕稍稍拭淨了一小塊。

迄今依然人數不明的墨西哥灣死者，以某種格言的方式，和（而不是「為」）數以萬計死於那場正在進行中的悲慘罪惡戰爭的伊拉克人，一同發言。在美國新聞界，卡崔娜和伊拉克屢屢被拿來相提並論。不過，卡崔娜是一種自然現象。她是墨西哥灣常見的一種天氣形態。她並沒躲藏在阿富汗。而且，儘管無情如她，卻不屬於任何「邪惡軸心」。她只是會威脅美國人民生命和財產的一種自然現象，而當時她正朝著路易斯安那州前進。

美國總統和他的閣員，是基於自身利益（以及國家利益）的考量，去面對卡崔娜的挑戰，他們必須想辦法預知受難者的需求，並盡可能將災民的痛苦降到最低。假使這些政府官員無法順利善後，他們非但不能責怪任何人，反而會成為眾所指責的目標。這是連小孩都明白的道理。然而，他們卻失敗得一塌糊塗。不管在技術上、在政治上或在情緒上，他們無一成功。「真是蠢，」倫斯斐喃喃說道。

可不可能，這政府根本就瘋了？這就是我天真的提問。等等！讓我們先定義一下瘋狂的不同種類，也許，這會是前所未見的一種瘋狂。比方說，這絕對不是羅馬暴君尼祿（Nero）式的瘋狂，據說羅馬城被焚毀時，他正在彈琴賦詩。不過，任何一種瘋狂都意謂著與現實之間的嚴重脫節，或說得更準確一點，與存在之間的嚴重脫節。

我們在此所思量的差異，牽涉到恐懼與信心之間的關係，以及飽受威脅與高高在上之間的關係。對他們而言，兩者之間毫無妥協的可能。他們的「瘋狂」宛如開關，一邊開啟，另一邊馬上關閉。然而重點是，生命正是在恐懼與信心相互妥協的漫長過程中，切實體察到生命的複雜多樣。我們正是從這裡學到我們所面對的東西。但二元論的「瘋狂」拒絕接受這樣的複雜性。

兩年前，布希總統在林肯專機上宣稱：「我們在伊拉克的使命完成了！」這種二元對立以某種方式呼應了股市的結構，股市只有買或賣，漲或跌，在這之間的其他所有一切，全是赤裸裸的衝突。

華爾街的金融分析師預測，拜墨西哥灣這場大災難所導致的石油短缺，德州石油公司的利潤將會提高。

卡崔娜造成重創後的第五天，布希總統終於前去探視這座飽受蹂躪的城市，並說出下面這句嚇壞所有新聞記者的話：「我不認為有誰事先能預測到堤岸會被沖垮。」

同一天，在總統飛抵受災小鎮畢洛克西（Biloxi）之前，一支特派小隊迅速將總統預定探訪路線上的瓦礫與屍塊清除乾淨。兩小時後，該小隊消失無蹤，留下畢洛克西小鎮繼續維持滿目瘡痍的模樣。其他一切存在全是赤裸裸的衝突。

把這視為鐵石心腸或犬儒主義，那可是大錯特錯。布希的造訪是一項有計畫的行動，目的是為了鋪陳他的這句斷言：「我們將再次讓世人看到，在美國，即便是最可怕的災厄也將以最好的結果作結。」開關迅速切換。

當前美國政府的盤算，和企業的全球利益以及所謂「首富們的生存之道」息息相關，今日這些首富同樣是在恐懼與信心之間不斷擺盪。

經濟學家諾基斯特（Grover Norquist）是企業利益的頭號說客，「布希公司」在規畫財政改革以便增進富人利益的時候，對他可說是言聽計從。他曾發表過這樣一句名言：「我不想廢除政府。我只想把它縮小成可以拖進浴室的大小，然後把它淹死在浴缸裡。」

假使我們對大多數的生命視而不見，同時放棄了對於政府的最微小期待，那麼，我們不也等於脫節了嗎？這些脫節加總起來，就是所謂的瘋狂，你可以在那些相信自己有本事統治地球的人的腦袋裡，找到這種瘋狂。

所有政治人物偶爾都會迴避真相，但這裡的脫節情況卻是經常性的，而且不只大量出現在他們的對外發言當中，甚至充斥於他們的每一步戰略盤算。所以他們如此無能。他們的阿富汗作戰行動失敗；他們在伊拉克戰爭中敗給伊朗（如俗話所說）；他們任憑卡崔娜肆虐，造成美國有史以來最嚴重的天災；恐怖分子則一天多過一天。

我收到一則從路易斯安那州橘市（Orange）傳來的簡訊。有人提議，如果我想幫助路易斯安那州無家可歸的難民，我可以鍵入「FLOOD」（洪水）這個字，傳到指定號碼，這樣，就可以將相當於五美元的金額（記在我的帳上）立即轉到某個救援機構。

此刻，我打算鍵入更長一句話，讓我們彼此傳送：「**那些什麼也不懂的傢伙，還可以把全球權力握在麻木不仁的手中多久？**」

十五

所在十帖

此刻並非等在某處的事物，而是我們在那些短暫卻超越時間的剎那裡遇見的事物，在那些剎那時刻，萬物彼此含納，自在交流。

二〇〇五年六月

After 'Guernica' (1937) — Beirut, Cana, Tyr (2006)

一

某人問：你還是馬克思主義者嗎？今日，因追求資本主義所謂之利潤而造成的蹂躪破壞情況，其範圍之廣，堪稱史無前例。這點幾乎人人皆知。既然如此，我們又如何能不去注意如先知般預言並分析了這場破壞的馬克思呢？這答案可能是，人們，許多人，已經失去了所有的政治承擔。沒有地圖，他們不知自己正前往何方。

二

每天，人們遵循指標通往某個所在，那並非他們的家，而是某個選定的目的地。路標，機場指示，車站標牌。有些歡樂之旅，有些洽公之行，許多迷失絕望之途。要抵達之後，他們才發現，自己所在之處，並非標示所指之地。那裡有正確的緯度、經度、當地時間和貨幣，然而，卻沒有目的地那種特殊的重力。

他們和自己選擇前往的所在無關。將他們與所在地隔離開來的距離，無可估算。也許只有一條大街的寬度，也可能有一整個世界那麼遠。「所在」失去了使它成為目的地的重力；失去了它的經驗版圖。

有時，一些旅行者踏上他們自己的旅程，找到他們渴望抵達的所在，那路程往往比事先預想的艱辛許多，但他們滿心慰藉。許多人則從未展開旅程。他們接受指標，一路遵行，彷彿他們從未旅行，彷彿他們始終停留在同一定所。

三

月復一月，數以百萬計的人們離開家園。他們離開，因為那裡什麼也沒有，除了他們的**一切**，但他們的一切不足以養活子女。曾經一度，它是可以的。這就是新式資本主義的貧窮。

在漫長可怕的旅途之後，在體驗過其他有錢人的卑劣之後，在他們信靠自身無與倫比的堅韌勇氣之後，大批移民發現自己正在某個外國轉接站裡等候著，而此時他們留在故土的所有東西，就是**他們自己**：他們的雙手，他們的雙眼，他們的雙腳、肩膀、身體，他們穿戴的衣物，以及夜晚入睡時拉起來罩住頭臉的被蓋，他們想要一方屋頂。

古蕾蘿（Anabell Guerrero）[1]為桑加特（Sangatte，法國加萊〔Calais〕附近）

1 古蕾蘿：委內瑞拉女攝影師，文中所提的照片是她的《Les Réfugiés》系列（一九九七）。

紅十字會收容所的難民和移民拍了許多照片，看著那些照片，我們可以領會一個男人的手指如何成為某塊小耕地的唯一遺痕，他的手掌如何殘存著某處河床，而他的雙眼又如何是一場他無法出席的家庭聚會。

四

「我在地鐵站，正在下樓梯，要去搭B線。這裡人很多。你在哪？真的！那裡的天氣如何？我要上車了——等會兒打給你……」

每一小時，在這世界的城市與郊區，有數十億通手機嗡嗡交談著，不論內容是公事或私語，大多數，都是從陳述通話者的所在地開始。人們需要直截了當地精確標示出他們在哪裡。彷彿有某個疑慮一直追著他們，那疑慮暗示著，他們可能哪裡也不在。被這麼多抽象空想團團包圍的人們，必須為自己發明暫時路過的地標，並和彼此分享。

大約三十年前，德波（Guy Debord）[2]便未卜先知地寫道：「……大量生產的商品不斷累積，填滿了市場的抽象空間，彷彿它已打破所有宗教和法律的藩籬，以及中世紀用以維持手工品質的所有行會限制，這同時也摧毀了『所在』

（place）的自治與質地。」

導致當前全球亂象的關鍵字，就是「去在地化」（de-localization）或「再在地化」（re-localization）。這指的不僅是把生產地移到勞工最低廉且管制最少的地方。同時還包含了新興權力瘋狂無比的境外美夢：夢想把先前所有固著於「所在」之上的身分與信任侵蝕殆盡，好把全世界改造成單一的流動市場。

就本質而言，消費者是感覺失落的人，除非他或她正在消費。品牌與logo成了「無處鄉」（Nowhere）[3]的一個個地名。

過去，保衛家園對抗外敵入侵的人，常常採用改變路標的戰術，例如把某個指向「薩拉哥沙」（Zaragoza）的指標轉到相反方向的「布哥斯」（Burgos）。如

---

2 德波（一九三一—一九九四）：法國馬克思主義理論家、作家、電影導演，情境國際（Situationist International）團體的創始人，該團體是一九六八年法國學運的一大推手，而他於一九六七年出版的《景觀社會》（*Society of the Spectacle*）一書，也成為一九六八年學運的理論基礎之一。

3 Nowhere一辭指的是不存在的地方，或似乎不存在的地方。英國藝術與工藝運動的領導人物威廉・莫里斯（William Morris）在《來自烏有鄉的消息》（*News from Nowhere*）一書中，以「Nowhere」做為其烏托邦的指稱，一般譯為「烏有鄉」。伯格此處所指的「Nowhere」乃負面之意，不具烏托邦的義涵，因此譯為「無處鄉」，以示區隔。

今，給路標動手腳的不是捍衛家園的勇士，而是外來的入侵者，他們用這手法來混淆當地人，讓他們搞不清楚到底是誰統治誰，搞不清楚幸福的本質、悲痛的範圍，或在哪裡可以找到永恆。而這所有混淆視聽的目的，全是為了說服人們，身為顧客是唯一的救贖。

然而，今日的顧客是根據他們結帳付錢的地方來定義，而非他們出生與死亡的所在。

五

一度是鄉野所在的廣大地域，正轉變成一個個特定區劃。其中的過程細節因不同大陸而有極大差別——非洲或中美或東南亞。然而，最初的分割切劃總是來自其他地區，來自不斷想要滿足其無盡胃口的企業利益，這意謂著奪取自然資源（維多利亞湖的魚、亞馬遜的森林、世界各地的石油、加彭的鈾，等等），意謂著無視於這些土地和水源屬於何人。接踵而至的剝削很快就需要機場、軍事和準軍事基地來捍衛他們吸吮的民脂民膏，以及與在地的黑手黨勾結合作。緊接著，就是部落戰爭、饑荒和種族滅絕。

這類區劃中的人們，失去了所有的住所感：孩童變成孤兒（甚至長大之後依然），女人淪為奴隸，男人成了亡命之徒。這情形一旦發生，就得花上好幾代的時間，才有辦法恢復任何一點家庭之感。每一年，這樣的資本累積，都不斷拉長了「無處鄉」的時間與空間。

六

與此同時——政治抵抗往往就是從「與此同時」開始——最重要的是，我們必須看清以下這點並牢記在心，那就是：那些利用當前的混亂現象謀取利益的人，以及他們埋伏在媒體系統裡的評論播報員，正在不斷傳播錯誤的訊息，企圖誤導我們。他們的聲明根本無法把任何人帶到任何地方。

與此同時，由企業和其大軍為了快速統領「無處鄉」而發展出來的資訊科技，也被其他致力創建「處處國」（Everywhere）的對手當成傳播工具。

加勒比海作家格利松（Edouard Glissant）[4]把這點闡釋得非常清楚：「……

4 格利松（一九二八—二〇一一）：出生於加勒比海馬提尼克（Martinique）的法國作家、詩人暨文學評論家，公認為加勒比海思想界和文學評論界最具影響力的人物之一。

抵抗全球化的方式並非否認全球性，而是把全球性想像成所有特殊性的有限總合，並讓人們習慣這樣的想法：只要有某個特殊性消失，那樣的全球性就不是我們想要的。」

我們正在豎立自己的地標，正在為所在命名，正在發現詩。是的，與此同時，我們發現了詩。伊凡斯（Gareth Evans）寫道：

當過午之磚儲存了薔薇色的行旅暑熱
當薔薇芽冒喘息之綠屋
且綻放如風之花
當細瘦樺枝低語其銀色身世
應風之催迫
於卡車上

當樹籬之葉蓄藏了
當下以為遺失的光

當她的腕穴跳動如氣旋裡的鷦鷯胸膛

當大地合唱團於天空發現其雙眼
且睜開它們在擁擠的黑暗裡相望

留住一切親愛的

七

他們的「無處鄉」滋育出一種奇怪而陌生的時間意識。數位時間。這時間永續不絕，不受日夜、季節和生死的打擾。和金錢一樣冷漠。然而，儘管永續不絕，它卻是極度單一。它是永遠的現在，與過去未來毫不相涉。在數位時間裡，只有現在承負了重量，過去與未來皆無足輕重。時間不再是接連蔓延的柱列，而是由一與零所構成的單一石柱。它周圍沒任何與時間縱深有關之物，它有的，只是缺席（absence）。

讀幾頁狄瑾蓀（Emily Dickinson）[5]的詩，然後去看拉斯馮提爾（Lars Von Trier）的《厄夜變奏曲》（*Dogville*）。在狄瑾蓀的詩裡，永恆的現在伴隨著每一行斷句。那部電影則恰好相反，它冷酷地展演出，當日常生活裡的永恆跡象被擦除淨盡時，會是怎樣的一種面貌。那會是：所有的話語和一整套語言，都淪為無意義。

在單一的現在裡，在數位的時間中，既找不到任何所在，也無法建立任何所在。

八

讓我們在另一套時間裡尋找方向。根據史賓諾莎的說法，永恆即**此刻**。此刻並非等在某處的事物，而是我們在那些短暫卻超越時間的剎那裡遇見的事物，在那些剎那時刻，萬物彼此含納，自在交流。

索爾尼（Rebecca Solnit）[6]在《黑暗中的希望》（*Hope in the Dark*）這本般

殷切盼的書中，引用了桑解（Sandinista）[7]詩人貝莉（Gioconda Belli）的作品，描述他們在尼加拉瓜推翻蘇穆薩（Somoza）獨裁的那個時刻：「這兩天感覺像是一場奇蹟，古老的魔力籠罩著我們，把我們帶回到創世紀的時刻，帶回到世界初創的現場。」儘管美國及其傭兵稍後摧毀了桑解組織，但他們絲毫無法削弱存在於過去、現在和未來的那個時刻。

九

從我此刻書寫之處沿路往下一公里，有一處牧場，放牧著四頭驢子，兩頭母

---

5 狄瑾蓀（一八三〇—一八八六）：十九世紀美國女詩人，在幾乎離群索居的生命歲月中，創作出許多關於自然、死亡、永生、孤獨、痛苦、狂喜等主題的詩作。

6 索爾尼（一九六一—）：美國散文家，寫作主題包括環境、政治、地方與藝術。中譯作品有討論走路的《浪遊之歌：走路的歷史》（*Wanderlust: A History of Walking*，中文繁體字譯本由麥田出版）。

7 桑解：桑定民族解放陣線的簡稱（Frente Sandinista de Liberación Nacional, FSLN），尼加拉瓜早期反政府組織，約成立於一九六一年，以推翻獨裁者蘇穆薩為目標，經過長期武裝鬥爭，終於在一九七九年革命成功，取得政權，並發展成社會主義政黨。一九七九至一九九〇年間統治尼加拉瓜大約十二年。

驢、兩頭小驢。牠們屬於特別小的品種。當母驢豎起鑲了黑邊的雙耳時，高度差不多到我下巴。小驢才幾週大，體型像比較大的梗犬，只不過牠們的頭幾乎和牠們的側身一樣寬。

我爬過圍籬進入牧場，倚著一株蘋果樹幹坐著。牠們已經發展出一套穿越牧場的路徑，有些地方得從非常低矮的樹枝下穿過，換成是我，非得彎腰駝背才行。牠們看著我。牧場裡有兩塊區域完全沒草，只有赤紅土壤，牠們會到其中一塊盡情翻滾，一天總要去個好幾趟。先是母驢，然後換小驢。小驢的肩部已經出現了黑色條帶。

這會兒，牠們朝我走來。牠們聞起來像毛驢和麥糠，不像馬，牠們的味道比較樸素。兩頭母驢用下巴輕觸我的頭頂。牠們的口鼻部分是白的。眼睛周圍滿是蒼蠅，那些蒼蠅遠比牠們狐疑的眼神更激動。

當牠們站到森林邊緣的樹蔭之下，蒼蠅便飛走了，牠們可以一動也不動地在那裡站上半小時。在白日的陰影下，時間緩緩流逝。小驢吃奶時（驢乳最接近人類的母乳），母驢的雙耳會筆直垂向尾巴。

在陽光下被牠們四位環繞著，我的目光緊鎖住牠們的腿，一共有十六條。修長、筆直、專注、自信。（相較之下，馬腿就顯得歇斯底里。）牠們的腿可以翻越馬匹無法應付的山脈，牠們的腿可以負載無法想像的重量，如果你只單看牠們的膝蓋、小腿、距毛、跗關節、脛骨、骹關節和蹄。驢子的腿！

牠們晃盪著離開，頭朝下，吃著草，耳朵沒錯過任何聲響；我望著牠們，目不轉睛。在我們的交流之中，在我們提供給彼此的白日相伴之中，有一種我只能稱之為感謝的基礎。牧場裡的四頭驢，二〇〇五年，六月。

十

是的，在其他眾多身分之中，我依然是個馬克思主義者。

十六

欲望的另一面

戀人們的消失，不是逃避，不是棄離；而是轉移到他方，轉移到豐饒的入口。

二〇〇二年六月

After 'Guernica' (1937) — Beirut, Cana, Tyr (2006)

我在你的臂彎發現島嶼，
在你的眼底找到國度，
雙臂羈絆，雙眼欺瞞
掙脫一切衝向另一邊。

——吉姆・莫里森（Jim Morrison）[1]

欲望。愛欲（erotic desire）。「愛」（erotic）這形容詞比「性」（sexual）好，因為它沒那麼簡化。

當欲望是兩人之間的交互流動時，邪淫（lust）乃至利比多（libido）等觀念，都是過時之物，因為根據定義，它們都是單一的，而非成雙的。

這類欲望的根源，來自於生物繁殖的自然需求。欲望也是一種引誘，一份希冀，引誘你進入想像的歡愉，希冀能得到想像的歡愉。由愛欲催動之欲望，瞬間就能轉化為擁有與占有的欲望。欲望的社會涵義正是**占有**（possession），正因如此，戲劇裡那些不受管束的欲望，永遠脫離不了衝突和悲劇。

欲望的強大潛力，在所有文化中都如諺語般眾所知曉。或許是因為被欲求的覺知裡，貯存了一種無可匹敵的刀槍不入之感，當這感覺經過兩人的相乘倍加之後，哪怕赴湯蹈火也毫不畏懼。

欲望開始得很早，並將持續到耄耋之年。它可能發生在，比方說，五到八十歲的所有年紀。年齡可能會影響欲求之物的優先順序。但這優先順序向來不曾有過整齊劃一的標準。所有欲望都包含了許許多多的給予和渴求，而最終，有多少種愛欲相逢，恐怕就有多少種欲望類型。

然而無論如何，其中總有些共同的因素，而我所謂的欲望的另一面，我相信，就存在於所有的欲望當中，儘管它的重要性，以及它的可辨識程度，或有不同。在消費社會裡，這類因素很少得到公開承認，除了在搖滾樂的世界，它們經常是那裡的核心要角。

苦難永不停歇

1 美國迷幻搖滾合唱團「門」（The Doors）的名曲〈Break On Through（To The Other Side）〉。吉姆・莫里森為該團主唱。

如水流般氾濫人生
我握著她的手
躺臥檸檬樹下。

——尼克・凱夫（Nick Cave）[2]

欲望，當它是兩人之間的相互交流時，它是由兩人策畫的一場密謀，用以面對或藉以藐視決定這世界的其他所有陰謀。它是兩人的串謀。

這計畫，是為了讓對方從現世的苦痛中得到豁免。不是幸福（！），而是一種肉體的豁免，從身體對苦痛的巨額負債中得到豁免。

所有的欲望內部，都有著貪嗔癡求與憐憫；無論這兩者的關係比例如何，總是絞扭在一起。沒有傷口的欲望無法想像。

這場串謀的目的，是為了共同創造一處豁免的所在，豁免的**邏各斯**（locus），這豁免必然是暫時性的，這豁免是為了暫時逃離肉體所承繼的絕對創傷。

人體具有無畏、優雅、嬉樂、莊嚴和其他無數特質，但人體在本質上也是悲劇的——這和所有的動物不同。（沒有任何動物是裸體的。）欲望希冀保衛它所欲求的身體，讓它遠離身體所具現的悲劇，更有甚者，它還相信它能做到。這是欲望的信念。

欲望裡自然不存在利他主義。欲望是獻出整個自我，包括肉體和想像的自我，來提供保護，來給予豁免。自欲望萌生之際，兩具肉體便彼此含納，因而那豁免若果真發生，它將同時籠罩雙方。

那豁免必然是短瞬的，但它卻承諾一切。豁免撤廢掉短瞬——但來自於短暫威脅的傷害，卻一路緊跟著它。

在第三者眼中，欲望是一首短暫插曲；只能從內部經驗，是一種超越。然而對欲望的兩人而言，前此往後、日復一日的生命，都是圍繞著欲望打轉。

欲望許諾豁免。然而，從現存的自然秩序中豁免，也就等同於消失。而這，正是欲望在其最狂喜時刻所呼喊的：讓我們就這樣消失無蹤！

當潮水漲起

---

2 澳洲後龐克歌手尼克・凱夫的〈Lime Tree Arbour〉。

當人人重新計算其價值
我帶著我的影子走向空無
你的塵埃
風將載走
一切都將消失但
讓風載著我們

——黑色欲望（Noir Désir）3

戀人們的消失，不是逃避，不是棄離；而是轉移到他方，轉移到豐饒的入口。一般總認為，豐饒是一種累積。但欲望堅稱豐饒是一種贈予：寂靜的豐饒，黑暗的豐饒，在那兒，萬事萬物盡皆平和。這讓我想起一則古老夢想，金羊毛（Golden Fleece）的傳說。（它所贈予的是：豁免於犧牲。）這故事以象徵性的手法，同時再現了無知與智慧。它在其隱匿之處伸展、蜷縮、無憂褻瀆、全然完整、無人可磨損其分毫。

一旦分享經驗過這樣的豁免，這再也無可豁免的豁免將永誌難忘，而這樣的消失將比任何明顯可辨的事物更真實、更明確。
海妖在街上哀泣。別怕，只要在我懷裡，任何傷害都不敢靠近你。

---

3 法國搖滾樂團，該段歌詞出自該團的知名單曲〈讓風載著我們〉（Le vent nous portera）。

十七

悉心細看

——兩位女性攝影師

森林存在於時間之中，上帝知道，它們隸屬於歷史；然而今日，為了滿足人類追求快速利益的野心，許多森林已遭逢毀滅之災。

二〇〇五—二〇〇六

After 'Guernica' (1937) — Beirut, Cana, Tyr (2006)

一

阿赫蘭・希伯里（Ahlam Shibli）

（生於加利利小村希伯里〔Arab al Shibli〕，一九七〇）

首先，讓我們區分一下簡單化（being simple）和簡化（simplifying）的差別。前者，是某樣東西縮減或被縮減至它的本質狀態。而後者，則通常是某種爭奪權力的手段。簡化是自私的。大多數政治領袖都習慣簡化事件，而無權無勢者則總是對事件做出簡單反應。兩者之間往往隔著一道天壤深淵。

接著，讓我們觀看阿赫蘭的攝影，不作任何簡化。這些照片提出了一項政治課題，而在這方面，它們是具有示範性的。稍後我將針對這點深入分析。她把這一系列照片命名為《追蹤兵》（*Trackers*）[1]，而這名稱需要稍作解釋。

今日，有一百萬持有官方文件的巴勒斯坦人居住在以色列國境，屬於下等公民。在官方文件上，他們的身分是以色列阿拉伯人。（如果他們公開宣稱自己是巴勒斯坦人，就可能會有牢獄之災。）以色列阿拉伯人也包括貝都人（Bedouin）家族。

這些家族當中，每年大約有不到一百名的男子，志願加入以色列軍隊，他們接受訓練，充當斥候偵察，這些人就是所謂的「追蹤兵」。追蹤兵全是「以色列阿拉伯人」，危險性高的田野偵察工作多半都由他們負責。當指揮官判斷以軍可能遭遇抵抗，便會命令「追蹤兵」打頭陣，先去清除地雷、狙擊手和可能的伏兵。最初，他們是接受小組集體訓練，一組約二十到三十人。一旦受訓完畢，小組隨即解散，組員則個別分派到以色列國防軍（他們自稱ＩＤＦ）的不同單位。

服役三年期滿，追蹤兵可以再次志願成為職業軍人，如此一來，薪水也會比之前優渥許多。以色列國防軍司令部只接受少數這樣的志願者。比起以色列軍人，職業追蹤兵享有某些專業優勢，因為他們熟悉在地的風俗、習慣與思考方式。

阿赫蘭的照片低調、迂迴、固執。裡面只有極少量一般資訊，完全沒有事故或事件的報導。這些照片給人的印象是，好像每一張都是在某個事件結束不久後

1《追蹤兵》系列攝於二〇〇五年，阿赫蘭・希伯里的官網可看到該系列所有照片，http://ahlamshibli.com/photography/trackers.htm。

拍下的。並非阿赫蘭的動作太慢，而是因為讓她感興趣的是**事件的後續效應**。事件本身通常無法引發她的關心（至少在這個案子裡）；但事件對生命的衝擊則會。因此，她準備等待。

她看到追蹤兵的軍事訓練；追蹤兵準備離開；一處軍人墓地；追蹤兵按著古蘭經起誓效忠以色列國防軍；一棟房子內部，牆上掛著家人照片；用軍隊付給追蹤兵的薪水慢慢蓋起來的新房子。每個不同的場景都偷偷指向一個問題：對這些男人來說，家是什麼？或更隱晦的：他們覺得自己歸屬於什麼地方或任何事物嗎？

照片裡沒有任何人可以告訴我們，在快門按下之前，發生了什麼事。我們能做的，就是注視留在照片裡的參與者，然後自行揣測，或像阿赫蘭一樣，等待。這整個系列（八十五張照片）的效應是一張一張逐步累加起來的。它們組合起來，構成全體。然而，這個全體又意謂著什麼呢？

對貝都人而言，家這個議題，以及構成家的要素，就像繩索的絞捻一樣，緊密糾纏。傳統上，他們是一支游牧民族。兩三個世代之前，許多貝都家族開始定居，特別是在西奈半島，然而，他們所屯墾的土地卻是屬於其他人的，在那塊土地上，他們只有微不足道的權利。隔代遺傳的記憶或許在這種令人混淆的情況下，扮演了某種角色。對游牧民族而言，家不是一處住址，家是他們隨身攜帶的東西。

那麼，追蹤兵隨身攜帶了什麼？

阿赫蘭正在搜尋靈魂。然而，她既不訴諸豐沛的情感，也不尋求任何告解。她只是充滿耐心地在一旁看著。也許有人會說，她是個說故事者，不過這說法簡化了她所選擇的角色。（有很多攝影師是偉大的說故事者，例如柯特茲〔André Kertesz〕[2]。）我寧願說，阿赫蘭是個說命運者（fortune-teller）。她專注而認真地觀察、閱讀各種徵象，推測並提出她的預言，而她的預言就像算命仙說的一樣，既精闢又模糊。她將機運如占卜牌般鋪展出來，但，不是只選一張。

選三張。第一張，三名追蹤兵，在某個掩蔽處休息，其中一名正在一面公共

2 柯特茲（一八九四—一九八五）：匈牙利攝影家。卡蒂埃—布烈松（Cartier-Bresson）口中的「真正的攝影老師」，對現代攝影藝術影響甚大。曾言：「相機是我的工具，經由它，我給予我周遭的所有事物一個理由。」

圍牆上書寫。第二張，一名男子在大白天裡睡覺，拉毯子遮住他的臉。第三張，一名追蹤兵的屋牆上掛著他身著ＩＤＦ戎裝的裱框照片，照片旁邊有一張巴勒斯坦的舊地圖。

這三張照片以各自不同的方式表達了同一種困境：在身分與所在之間的進退兩難。

他們正背負著什麼？

數百年來，游牧的貝都氏族一直有個傳統，一旦他們認識到，即便使出所有的游擊戰術，仍無法免除被入侵勢力包抄的命運時，他們就會轉而向入侵者提供軍事服務，不論他們是埃及人、土耳其人，或英國人。然而，他們這麼做的目的，是為了避免被驅散，以便在他們那塊幾乎無法被穿透的領域裡，保持獨立和無可挑戰的地位。這是為了延續生存的狡詐策略，通常也都能奏效。

不過，今日以色列貝都人的情況和之前大不相同。他們已經被趕離自己的家園，剝奪了賴以生存的經濟手段。在他們的內蓋夫沙漠（Negev）[3]，他們被當成犯罪侵入者，國防軍的直升機，不斷朝他們的作物噴灑除草劑。

為了徹底掌握其中的意含，我們必須把巴勒斯坦人整體的極端處境考慮進去。巴勒斯坦和以色列之間的衝突已經持續將近六十年。以色列對巴勒斯坦的軍事占領活動也持續了將近四十年，是有史以來最長久的紀錄。這項占領所引發的種種事實，幾乎無須在此複述，因為世人早已知曉且同聲譴責。

對於這場連綿不絕的衝突（因為巴勒斯坦人從未停止抵抗），人們偶爾會忘記的是，雙方在火力與防禦能力上的懸殊差距。

這種資源與武力的不平等，令人回想起二十世紀中葉的殖民解放戰爭，如果我們想了解追蹤兵的進退兩難，最好的辦法莫過於求助法農的作品，他是這類抗爭的卓越先知。在《黑皮膚，白面具》（*Black Skin, White Masks*）的末尾，法農寫道：「在這本書的結論裡，我希望這世界和我一起去認識每一種良心的敞開大門。」阿赫蘭在談論《追蹤兵》的相關書寫中，經常提到法農。

身為一名在阿爾及利亞執業的馬提尼克（Martinique）[4]醫生和精神病學家，

3 內蓋夫沙漠：位於今日以色列西南部。

4 馬提尼克：加勒比海島國，原為法屬殖民地。

法農說明了，殖民統治、侵略者與原住民之間的資源差距，以及鐫寫在武裝與非武裝人員每次相遇時的藐視，除了可以催生出反叛行動之外，還可以在人們賴以維繫其自我之感的忠貞忠誠之上，劃下一道又深又長的傷口。而最常遭受傷害的，就是飽受蹂躪的窮人和下層階級。

以下這個比喻或許有助於我們理解。想想那些相反的症候群，也就是自大狂症候群。當自大狂遇見另一名為自大狂工作的人，就像是看著一面高懸的明鏡，鏡中的自己光芒耀眼、不可一世。而對那些失去自我之感的被殖民者來說，每一次的相遇，則像是照見除了一身破舊長袍之外，一無所有的自己。這兩面鏡子都遮掩了對方的真實樣貌。於是，對被殖民者而言，為了讓自己擺脫那身破舊的長袍，他夢想能穿上壓迫者的制服，高舉壓迫者的旗幟。不是敵人，而是壓迫者。

貝都人屬於地位最低下的巴勒斯坦人，他們大多已失去傳統的游牧自由，以及隨之而來的驕傲感。於是，正如法農所預見的，他們將自己劈成兩半，撕裂開來，戴上壓迫者的假面具。很多人改了名字，阿赫美德（Ahmed）變成何塞（José），穆罕墨德（Mohammed）成了摩西（Moshe）。然而在改名換姓的同時，追蹤兵並未重新發現自己的身體，被那虛假的破舊長袍形象給污衊的高貴身體。

那名用毯子蒙住頭臉的男子，正做著什麼樣的夢呢？我們無法猜測他人的夢境。**然而，他恐怕連自己的夢境也無法猜想**。

而這，約莫就是追蹤兵隨身攜帶的東西。

阿赫蘭的作品並未直接對以巴衝突做出任何政治評論；她戒除了一切口號。然而我認為，在今日的全球脈絡之下，這件作品絕對有其政治重要性——或如同我說過的，是一種示範。接下來，我將解釋原因為何。

阿赫蘭本人出身於貝都家族。少女時代，她曾在加利利牧羊。接著，在她就讀大學之後，她成了一位國際知名的攝影師。

很久以前，阿赫蘭便做出與追蹤兵相反的存在主義式選擇。她相信巴勒斯坦人的理想合乎正義，並以愛國者和攝影師的身分，對以色列的非法占領提出抗議。對她，以及對大多數的巴勒斯坦人而言，追蹤兵可以被視為叛國者。他們加入壓迫巴勒斯坦人的軍隊，他們追殺或追捕那些積極抵抗以軍的巴勒斯坦人。叛國者……在某些情況下，他們必然是被如此對待。

然而，阿赫蘭感覺到必須超越於此，想去簡化的標籤背後搜尋。因為她出身貝都家庭？或許，但這問題太過天真。真正重要的是結果。因為她是貝都人，所以她可以到標籤背後去尋找，去發掘她必須發掘的東西。她用這組照片提出下面這個問題：決定成為追蹤者的他們，將為此付出怎樣的代價。然後她等待謎題的答案在她的暗房裡揭曉。並將答案公諸於世。

這和政治有何關聯？班雅明（Walter Benjamin）在二十世紀中葉寫道：「生命中的緊急狀態並非例外，而是常軌。我們必須建立具有這般視野的歷史觀。」根據這樣的歷史觀，我們必須仔細檢視專為擅權者之利益服務的每一次簡化，每一只標籤；權力愈大，對簡化的需要就愈高。反之，不論當下此刻或長久未來，唯有承認並接受人們的多樣、差異和複雜，才能確保承受這類盲目權力之人的利益，或與這類盲目權力對抗之人的利益。

阿赫蘭的照片，就是這樣的接受與承認。

我將再次引用法農，做為此段的結尾：「不，我們不想趕上任何人。我們只想在『人』的陪伴下，在所有人的陪伴下，日日夜夜不停地往前走。商隊不該拉得太長，一旦拉得過長，就看不到走在我們前面的隊伍，當彼此愈來愈少聚在一起，愈來愈少談話，就再也不認識彼此了。」

二

吉忒卡・漢茲洛瓦（Jitka Hanzlová）

（生於捷克斯洛伐克喀爾巴阡山區〔Carpathian〕，一九五八）

我往回走，為了看見未來。

——吉忒卡・漢茲洛瓦

這座森林位於遙遠他方，靠近喀爾巴阡山區，就在吉忒卡兒時居住的捷克小村旁邊。對別人來說，這些影像可能是別座森林，但對吉忒卡而言卻不然。多年來，她不斷回返她的森林。她獨自走入林中，唯有獨自一人之時，她才拍照。

許多風景照片與時尚照片無異。這麼說並無低貶之意；它們記錄歡樂，容納歡樂。山巔、瀑布、草地、湖泊、秋天的山毛櫸，應攝影師之請，站在那兒，穿上自己的模樣，給相機擺個鬱鬱寡歡的表情。有何不可？這些照片提醒我們，在幾個小時的飛行之後，歡樂終將來臨。宛如空姐般的自然美景。

吉忒卡的照片裡沒有「歡迎光臨」。它們是從內部取鏡；是從森林的深處感知，就像手套裡的一隻手那樣。

她說的是森林之間。因為，有兩座森林，在她兒時小村的峽谷裡相接。然而，**之間**一詞，乃屬於整體森林。森林正是關於「之間」。森林存在於它的樹木之間，存在於它的茂密矮樹叢與空地之間，存在於它的所有生命週期與不同週期的時間表之間，從永恆的陽光到只能活一天的昆蟲。森林也是相遇之所，進入森林之人與伴隨、等待在樹木背後或矮叢之間的無名之物，在此相遇。它們就在伸手可及的距離，但卻看不見也摸不到。它們並未沉默，但卻無可聽聞。不只進入森林的訪客可以感覺到這些東西如影隨形；甚至善於判讀無字符號的獵人和森林住民，也可以敏銳覺察到它們的存在。

「我在一大清早，森林剛剛甦醒之際，爬上林中小丘。我在晨風之間，在小鳥的撫慰歌聲與我所鍾愛的寂靜之中，深深呼吸。然後，當我凝神拍照時，我闔上雙耳，不再聆聽瀰漫周遭的寂靜。那感覺，宛如身在他方，在某部電影裡。森林開始移動，我透過鏡頭，體驗到恐懼。那也許只是個靜止不動的向晚鏡頭。好似群鳥與蟋蟀停止鳴唱，好似風已在山谷裡歇息。什麼也聽不到。沒鳥。沒風。

沒人。沒蟋蟀。黝黑的光線與這不同的寂靜令我寒毛直豎……我無法精確指出恐懼的所在，但它從內部襲來。這是我第一回強烈感受到這般恐懼，但並非最後一次。我逃跑！我在恐懼些什麼？為什麼呢？我既不害怕動物，也不畏懼森林。這地方很安全。」

有史以來，乃至無史之前，森林一直是提供遮蔽的隱藏之所，然而，它同時也是漫遊者的終極迷失之境。森林迫使我們認清有多少東西隱藏其中。

說攝影中斷或阻止了時間之流，有點像陳腔濫調。但它們的確如此，而且有數千種不同的做法。卡蒂埃—布烈松的「決定性瞬間」和阿杰（Eugene Atget）的慢速停止不同，和史圖斯（Thomas Struth）的儀式性停止時間又不一樣。吉忒卡的某些森林照片（不包括其他主題的照片）的奇特之處在於，它們似乎沒中斷任何東西！[5]

在沒有地心引力的太空中不存在重量，而她的這些照片，就好像是處於時間

5 吉忒卡・漢茲洛瓦的森林照片，可見其個人網站http://www.jitkahanzlova.com/works/forest_01.htm。

的失重狀態。彷彿它們是在空無一物的時間**之間**按下快門。

森林裡那些就在伸手可及之處，卻看不到也摸不著的東西，或許就是某種無時間性的存在。森林的無時間性並非形而上的抽象沉思，也非季節週始的循環比喻。森林存在於時間之中，上帝知道，它們隸屬於歷史；然而今日，為了滿足人類追求快速利益的野心，許多森林已遭逢毀滅之災。

然而，在森林中，有些「物事」（event）卻無法在紛繁無數的時間表中找到任何棲身之所，因為它們存在於這些年表之間。什麼樣的物事？你問。你可以在吉忒卡的照片中看到一些。就是在我們將照片裡所有認得之物一一列出之後，依然無法為之命名的那些。

古希臘人把這類物事稱為**森林精靈**（dryads）。一位來自貝加莫（Bergamo）的伐木友人，認為森林是一個獨立王國，有它自己的「領地」。林飛龍（Wifredo Lam）[6]在他的想像叢林之中，也曾描畫同樣的事件。不過，讓我們澄清一點。我們談的，並非奇幻謬思。吉忒卡說的是森林的寂靜。音樂是這種寂靜的相反物。在音樂中，每一物事都被容納在該首曲子單一無縫的時間表中。但是在森林的寂靜裡，有些物事並未包容在時間之內，也無法被安置在時間之內。它們以這樣的存在，擾亂且誘惑觀看者的想像：因為它們像是另一種生靈的時間體驗。我們感覺到它們發生，感覺到它們存在，但卻無法與它們相遇，因為它們是發生在過去、現在與未來之間的某處。

對哲學家海德格而言，森林是所有實存的隱喻，而哲學家的任務，就是找到伐木者的路徑（Weg）穿越它。海德格曾談論「進入距離的鄰接處」（coming into the nearness of distance），而我認為，這就是他進入我試圖界定的那種森林現象的途徑。正如吉忒卡的另一種說法。「我往回走，為了看見未來。」他倆都把沙漏倒了過來。

若要領會我所說的這類物事，就必須棄絕始於十八世紀歐洲、與實證主義和現代資本主義息息相關的線性時間觀：亦即認為這世上只有一種時間，直線、規律、抽象、不可逆轉，以及包含一切的單一時間。其他所有文化都曾提出同時並

---

6 林飛龍（一九〇二—一九八二）：華裔古巴籍超現實主義畫家，畫風詭譎多變，表現強悍的想像力與生命力，以魔鬼、動物、植物、祖先雕像、祭祀面具等主題，將拉丁美洲的藝術元素帶入超現實主義。

存的多種時間，以及以某種方式環繞在時間之外的無時間。

讓我們回到屬於歷史的森林。吉忒卡的照片裡，經常有種等待的感覺，等待什麼呢？還有，等待是正確的字眼嗎？一種耐心。什麼樣的耐心？一起森林插曲。我們無法命名、無法形容，也無法安置的插曲。但它確實在那。

森林裡有著錯綜複雜的交叉路徑與交會能量，鳥的路徑、昆蟲的路徑、哺乳動物的路徑，孢子的、種子的、爬蟲類的、蕨類的、苔蘚類的、寄生蟲的、樹的，等等，等等。森林的錯綜複雜獨一無二，或許，在海洋底端也存在可相比擬的複雜性，但人類是海底的新近闖入者，而人類的所有感知，都來自森林。人類是唯一一種至少活在兩個時間表裡的生物：一是其生理時間表，一是其意識時間表。（這或許就是人類第六感的源頭。）在森林裡交會的每一股能量，都有它自己的時間表。從螞蟻到橡樹。從光合作用到發酵過程。在這錯綜複雜的時間、能量與交換的聚集裡，產生了一些抗拒插曲的「插曲」，它們無法納入任何時間表，因此它們只能（暫時？）在**之間**等待。而這，正是吉忒卡拍攝的對象。

看著吉忒卡的森林照片，你注視得愈久，它們就變得愈清晰，而你就愈可能掙脫現代的時間牢獄。森林精靈在向你招手。你可能從它們之間匆匆走過——但無法一路相隨。

After 'Guernica' (1937) — Beirut, Cana, Tyr (2006)

麥田人文 123

留住一切親愛的

生存・反抗・欲望與愛的限時信

Hold Everything Dear: Dispatches on Survival and Resistance

作　　者／約翰・伯格（John Berger）
譯　　者／吳莉君
特 約 編 輯／潘慧嫻
責 任 編 輯／胡金倫（初版）、林怡君（二版）、許月苓（三版）
主　　編／林怡君

國 際 版 權／吳玲緯
行　　銷／闕志勳　吳宇軒　陳欣岑
業　　務／李再星　陳紫晴　陳美燕　葉晉源
編 輯 總 監／劉麗真
總 經 理／陳逸瑛
發 行 人／涂玉雲
出　　版／麥田出版
10483臺北市民生東路二段141號5樓
電話：(886)2-2500-7696　傳真：(886)2-2500-1967
發　　行／英屬蓋曼群島商家庭傳媒股份有限公司城邦分公司
10483臺北市民生東路二段141號11樓
客服服務專線：(886) 2-2500-7718、2500-7719
24小時傳真服務：(886) 2-2500-1990、2500-1991
服務時間：週一至週五09:30-12:00・13:30-17:00
郵撥帳號：19863813　戶名：書虫股份有限公司
讀者服務信箱E-mail：service@readingclub.com.tw
麥 田 網 址／https://www.facebook.com/RyeField.Cite/
香港發行所／城邦（香港）出版集團有限公司
香港灣仔駱克道193號東超商業中心1/F
電話：(852)2508-6231　傳真：(852)2578-9337
馬新發行所／城邦（馬新）出版集團 Cite (M) Sdn Bhd
41, Jalan Radin Anum, Bandar Baru Sri Petaling, 57000 Kuala Lumpur, Malaysia.
Tel: (603) 90563833　Fax: (603) 90576622　Email: services@cite.my

封 面 設 計／兒日設計
印　　刷／前進彩藝有限公司

■初版一刷2009年5月
三版一刷2022年12月

定價：280元
ISBN 978-626-310-357-3
其他版本ISBN 978-626-310-362-7（EPUB）

國家圖書館出版品預行編目資料

留住一切親愛的：生存・反抗・欲望與愛的限時信／約翰・伯格（John Berger）著；吳莉君譯. -- 三版. -- 臺北市：麥田出版：英屬蓋曼群島商家庭傳媒股份有限公司城邦分公司發行, 2022.12

面；　公分. --（麥田人文；123）

譯自：Hold everything dear : dispatches on survival and resistance.

ISBN 978-626-310-357-3（平裝）

1.CST: 國際安全　2.CST: 國際經濟關係
3.CST: 恐怖活動

579.36　　111018461